Südspitze
– mit dem Overland-Truck durch Südamerika

Alles Unglück des Menschen kommt daher,
dass er nicht ruhig in einem Zimmer verweilen kann.
Blaise Pascal (1623 – 1662)

Man reist ja nicht, um anzukommen, sondern um zu reisen.
Johann Wolfgang von Goethe (1748 – 1832)

Für Til!

Usch Pilz

Südspitze
– mit dem Overland-Truck durch Südamerika

Bibliografische Information der Deutschen Nationalbibliothek
Die Deutsche Nationalbibliothek verzeichnet diese Publikation in der Deutschen Nationalbibliografie;
detaillierte bibliografische Daten sind im Internet über
http://dnb.d-nb.de abrufbar.

© 2008 Usch Pilz
Umschlagfoto: Lamakarawane in den peruanischen Anden
Satz, Umschlaggestaltung, Herstellung und Verlag: Books on Demand GmbH, Norderstedt
ISBN 978-3-8370-4920-6

Inhalt

Eins

Schlaflos in Lima

Drei Flüge liegen hinter mir. Frankfurt – New York. New York – Sao Paulo. Sao Paulo – Lima.

In Lima warte ich nun ziemlich zerknautscht auf den letzten Flieger. Der geht um sechs Uhr morgens. Es gilt die Grundregel: Je früher der Abflug ins 3400 Meter hoch gelegene Cusco, desto wahrscheinlicher ist eine Landung dort. Anfang Dezember macht das Wetter in den Anden Flüge am späten Vormittag schwierig, am Nachmittag gar zum Lotteriespiel. Deshalb herrscht frühmorgens in Lima kollektive Aufbruchstimmung. Denn in die Anden müssen oder wollen fast alle Reisenden von hier aus. Noch eine Stunde Flugzeit bis Cusco. Aber erst einmal heißt es, die Nacht überstehen.

Die üblichen Fragen: Warum tue ich mir das an? Lohnt sich der Aufwand? Lohnen sich die Strapazen? Darf man überhaupt so lange – vier Monate – von zu Hause weg sein? Sollte man sein Geld nicht lieber für vernünftigere Dinge ausgeben?

Bloß keine Panik. Andere reisen jahrelang durch die ganze Welt. Was sind da schon lächerliche 16 Wochen in Südamerika? Und: Fast jede große Fahrt beginnt mit großen Zweifeln. Ein paar Stunden, ein paar Tage höchstens, dann tauche ich ein in die neue Welt. Also lieber länger wegfahren, damit sich die Umstellung lohnt – damit es kein Urlaub wird, sondern eine Reise.

Sechs Stunden über Nacht im internationalen Flughafen von Lima erweisen sich als deutlich erträglicher als sechs Stunden tagsüber auf dem J.F.K. Flughafen von New York. Im Airport von Lima gibt es nämlich ein Internetcafe – rund um die Uhr geoffnet. Hier schlägt sich ein versprengtes Häufchen Rucksacktouristen die Nacht um die Ohren. Und im Gegensatz zu New York ist in Lima das Servicepersonal nett und zuvorkommend.

Dicken Rucksack gleich wieder einchecken? Aber sicher. Zwei lächelnde junge Sicherheitsmänner packen mit an.

Überhaupt – die Sicherheit. Das gesamte Flughafengebäude ist hell erleuchtet. Niemand schickt sich an, die Reisenden vor die Tür zu setzen. Keine streunenden Hunde, keine finsteren Gestalten. Erleichterung.

Im Obergeschoss treibt der berüchtigte Putztrupp sein Unwesen und wird noch die ganze Nacht lang Tische, Stühle und Touristen von einer Ecke in die andere schieben. Ohne jede Hektik aber unaufhaltsam. Geputzt wird, was längst sauber ist. Meditativ. Immer wieder.

Die ersten bruchstückhaften Verständigungsversuche auf Spanisch gelingen.

Eine Flasche Mineralwasser kaufen? Kinderspiel.

Per Postbankkarte 400 Soles – ca. 100 Euro – abheben? Nichts leichter als das. Der Automat spuckt die Karte sogar anschließend wieder aus. Nicht überall auf der Welt eine Selbstverständlichkeit, schon gar nicht in Südamerika.

Wie durch ein Wunder sind auch mein kaum lädiertes Gepäck und ich nach drei aufeinander folgenden Flügen mit drei verschiedenen Fluggesellschaften noch immer vereint.

In Lima spielen sich dieselben Szenen ab wie vor Stunden – oder sind es Tage? – in Sao Paulo: Gleich nach der Landung gibt es massenweise überfallartige Taxi- und Tourangebote. Lächelnde Abwehr, notfalls dreimal „Nein" sagen. Mehr braucht es nicht. Bald wissen alle: Mit der ist heute kein Geschäft zu machen.

Ein paar Stunden Schlaf in jedem Flieger waren immerhin drin. Obwohl der Pilot auf der Strecke Frankfurt – New York einen sportlichen Flugstil pflegte. Vor lauter Begeisterung für die verschneite Landschaft Neufundlands neigte er den Flieger mal nach links, mal nach rechts, damit auch jeder aus dem Fenster schauen konnte. Besten Dank. Aber der Blick aufs Eis war's wert, da hatte er Recht. Zu sehen war ein weiß-grau-braunes Flecken- und Wellenmuster wie auf einer Tapete aus den 60ern und mehr Weite, viel mehr, als eine Mitteleuropäerin sich vorstellen kann.

Zwei

Zwölf Stunden in Sao Paulo

Rückblick: Nach der zweiten Flugetappe: Zwischenstopp in Sao Paulo. Geschätzte 17 Millionen Einwohner, Stadt und Umland zusammengenommen. Die drittgrößte Metropole der Welt, und ihr Ruf: verheerend. Zwölf Stunden Aufenthalt für mich. Ein kurzer Blick wie durch ein Schlüsselloch. Eine Kostprobe, denn am Ende der Reise soll es noch einmal nach Brasilien gehen.

Sao Paulo Anfang Dezember, das ist schwüle Tropenluft und der schwere Duft feuchter Erde.

Dann die Einführung in die Verkehrsverhältnisse der Riesenstadt. Urmel, eine alte Freundin aus der Grundschulzeit, holt mich ab. Seit zwölf Jahren lebt sie in Brasilien, ist schon fast eine Einheimische.

Von den zwölf Stunden Aufenthalt verbringe ich vier im Stau. Kein Wunder bei nur einer Handvoll überlasteter Durchgangsstraßen. Wer reich ist, fliegt. Und zwar mit dem Hubschrauber über das Häusermeer, über die Staus, über die Straßenhändler und das Menschengewimmel hinweg zum Büro. Und zum Golf. Und nach Hause.

Urmel wohnt in einer Trabantenstadt. Mit nur etwa 50 000 Einwohnern ist diese für hiesige Verhältnisse eher klein. Dort lebt meine Freundin mit ihrer Familie in einer eingezäunten Nobelsiedlung, und der Zaun hat seinen Grund. Denn schon bei der Autofahrt wird deutlich, was diesen Teil Brasiliens ausmacht: funkelnde Wolkenkratzer, dazwischen Wellblechsiedlungen oder abenteuerlich an die Hänge geklatschte Favelas, die bei oberflächlicher Betrachtung wie spanische Bergdörfer wirken. Wohlhabende und bitter Arme auf Tuchfühlung und doch streng von einander getrennt. Jeder ein Zaungast des anderen. Aber ganz und gar ungeladen.

Urmel serviert typisch brasilianisches Essen mit Bohnen und Reis, dazu viel frisches Obst. Und sie erzählt. Tausend Familien wohnen hier wie in einem paradiesischen botanischen Garten. Alles ist grün, alles blüht. Pools schimmern hinter den Häusern und Tennisplätze. Kleine Äffchen turnen in den Bäumen. Makellos gepflegte Grünanlagen, traumhafte Villen. Die Schwachstelle ist der Zaun. Er soll nun nach und nach durch eine Mauer ersetzt werden. Vielleicht hören dann auch die nächtlichen Überfälle auf.

Später fahren wir in den Kindergarten, den Urmel leitet. Es geht zu wie bei uns zu Hause, nur geordneter. Hier tragen die Kleinen Uniform und haben ein eindrucksvolles Lernpensum zu absolvieren. Die Räumlichkeiten sind beengt, dafür gibt es einen riesigen

Garten mit Beeten, einem Pool, Spielgeräten und Ziegen. Ob nun zu Hause oder in Brasilien – Kinder sind Kinder, neugierig oder scheu. Gemeinsam zählen wir auf zehn, in so vielen Sprachen, wie wir nur können. Meine blauen Augen, das blonde Haar und die helle Haut sind Anlass zum Staunen.

Dann kommt der nachmittägliche tropische Regenguss und innerhalb kürzester Zeit steht alles unter Wasser. Straßen werden zu Flussbetten. Sturzbäche reißen die rote Erde davon. An den Asphaltrampen, die den Verkehr entschleunigen sollen, bilden sich Strudel, fängt sich der Schlamm. Gegen diesen Regen hilft kein Schirm und kein Goretex. Da hilft nur ein festes Dach über dem Kopf. Wohl dem, der eines hat.

Die Rückfahrt zum Flughafen gestaltet sich dramatisch, denn der Shuttlebus nimmt wegen des Dauerstaus eine andere Route als üblich. Urmel muss mich mitten durch den Feierabendverkehr und durch die Regenfluten in einen Nachbarort kutschieren. Der Busfahrer benutzt Schleichwege, die alle anderen auch kennen. Wieder Stau. Ankunft am Flughafen, Einchecken, Boarden – eine echte Punktlandung.

Als letztes sehe ich die bunten Lämpchen der künstlichen Weihnachtsbäume auf dem Flughafengelände. Und lebensgroße Plastikweihnachtsmänner – bei schwülen 31 Grad. Noch drei Wochen bis zum Fest.

Drei

Tief atmen in Cusco

Gelandet. Endlich. Schon der Anflug war atemberaubend. Ich hasse Achterbahnfahrten, weigere mich standhaft dagegen. Doch etwas Ähnliches liegt nun hinter mir. Der Flieger streift mit dem Bauch beinahe die verschneiten Sechstausender, die die etwas niedrigeren, braungrünen Höhenzüge überragen. Dann tut sich plötzlich im rechten Winkel ein Talkessel auf und die Landebahn kommt in Sicht. In einer scharfen Linkskurve über den letzten Bergspitzen muss der Blechvogel jetzt ein paar Tausend Höhenmeter verlieren. Völlig unmöglich. Nicht machbar.

Doch. Möglich. Machen die.

Aus der Luft betrachtet soll Cusco die Form eines Pumas haben. Ich sehe nur Häuser, Berge und ein gigantisches Fußballstadion und fixiere dann angestrengt die Landebahn, der wir uns im kontrollierten freien Fall nähern.

Schließlich Ausrollen auf 3400 m über N.N. Bergsportmediziner raten ab. Schrittweise soll man sich akklimatisieren, nicht in einem Rutsch von Meereshöhe auf Hochgebirgsniveau wechseln. Und doch tut es die halbe Welt. In Cusco treffen sich Rucksacktouristen, Overlander und Pauschalurlauber, Studienreisende und Geschäftsleute. Akklimatisiert hat sich vorher keiner.

Zu meiner unendlichen Erleichterung falle ich nicht gleich, wie von besorgten Freunden vorhergesagt, auf dem Flughafen um. Ich beherzige den Rat meines höhenerfahrenen Vetters und reduziere meine Bewegungsgeschwindigkeit umgehend auf ein Drittel des üblichen Tempos. Das hilft.

Die Luft ist nicht nur dünn, sie ist auch kalt und schneidend. Ein scharfer Wind bläst, gleißendes Licht sticht in die Augen.

In der Ankunftshalle spielt eine folkloristisch kostümierte Band „*El Condor Pasa*". Was auch sonst? Und ebenfalls mit einem Drittel der üblichen Geschwindigkeit.

Nach zweieinhalb Tagen auf Flugplätzen oder mit wenig Beinfreiheit über den Wolken wirkt das fast ein bisschen surreal. Als hätten diese Jungs auf mich gewartet, um mir gleich eindeutig klarzumachen, wo ich mich ab jetzt befinde: Im andinen Südamerika. Und zwar im touristisch voll erschlossenen Teil.

Wie vereinbart werde ich abgeholt. Beinahe unheimlich, wie gut alles klappt. Eine junge Frau ruft meinen Namen, stellt sich als Luisa vom gebuchten Hotel vor und begrüßt mich wie ein lange verschollenes Familienmitglied. Das Taxi hat sie gleich mitgebracht.

Der Weg ins Zentrum ist kurz. Cusco sei die schönste und abwechslungsreichste Stadt Perus, steht im Reiseführer. Und sie hätte über 250 000 Einwohner. Was ich auf der Fahrt sehe, spricht für beides. Ein Spaziergang durch die Viertel draußen beim Flughafen müsste nicht unbedingt sein. Die Gegend wirkt heruntergekommen und alles andere als einladend. Aber je mehr wir uns der Innenstadt nähern, desto größer werden meine Augen: Das lange dunkle Haar der Frauen, dazu die kräftigen Rottöne ihrer traditionellen Kleidung. Obwohl in der Minderheit, prägen diese Peruanerinnen in ihren farbenfrohen Kleidern mit weit ausladenden Röcken das Stadtbild. Die meisten Menschen, die grade zur Arbeit eilen, sind gekleidet wie in Stuttgart oder Berlin. Dann eine Schar Schulmädchen: weiße Hemden, marinefarbene Uniformröcke, das schwarze Haar ordentlich zu Zöpfen geflochten. Ihre Bewohner machen diese Stadt so bunt.

Die Taxifahrt führt vorbei an armseligen, notdürftig instand gehaltenen Wohnhäusern, an Markthallen, Inkamauern und an zahllosen kolonial-spanischen Kirchen. Dazwischen stehen prächtige Stadthäuser mit kunstvoll geschnitzten Balkongeländern und Fensterrahmen. Die Wände sind geweißt, alle Holzteile bunt bemalt. Luisa erklärt die Sehenswürdigkeiten auf Spanisch, und ich freue mich, wie viel ich schon verstehe. Im Hotel – einfach, sauber und nur fünf Minuten von der Plaza de Armas entfernt – trägt man mir den Rucksack aufs Zimmer.

Dann liege ich stundenlang nur herum. Ist es die endlos lange Anreise, der Jetlag, die Höhe? Keine Ahnung. Ich schlafe ein, wache auf, starre an die Zimmerdecke und drifte dann in eine Art Halbschlaf. Irgendwann müsste das doch langweilig werden. Wird es aber nicht. Ich will gar nichts anderes, als nur hier liegen, die Risse im Putz studieren und zusehen, wie ein Lichtfleck langsam weiter zieht.

Zwei Kissen habe ich mir in den Rücken gestopft. In der Höhe soll man aufrecht schlafen. Stand in einem schlauen Buch. So hat es das Wasser schwerer, sich in Hirn und Lunge einzulagern. Ich bin dankbar für diesen Rat, denn ich verspüre keine Kopfschmerzen und keinerlei Atembeschwerden. Nur ein leichter Schwindel stellt sich ein. Aber dann passiert es doch: Meine Oberlippe wird dick und pelzig. Schwellungen im Gesicht können Anzeichen der Höhenkrankheit sein.

Unbehagen. Was kommt nun als nächstes? Ich spüre meine Beine nicht. Aber spüre ich sie sonst, wenn ich einfach so im Bett herumliege? Woher soll ich das wissen? Zu Hause liege ich nicht einfach nur so rum, und ich habe nie darauf geachtet.

Mir wird abwechselnd heiß und kalt.

Irgendwann entschließe ich mich doch, es mit einer Vierteltablette Diamox zu versuchen. Lesen Sie NICHT die Packungsbeilage …

Das Medikament, das eigentlich bei Grünem Star zur Senkung des Augen-Innendrucks verschrieben wird, wird gern zur Höhenanpassung verwendet – oder missbraucht. Man könnte darüber streiten, ob die paar Milligramm – und erst vor Ort im Bedarfsfall eingenommen – überhaupt eine Wirkung haben. Jedenfalls schwillt meine Lippe schon kurz nach der Einnahme ab, und mir geht es ganz subjektiv wieder besser.

Trotzdem habe ich eines verstanden: Mein Körper fordert eine Auszeit. Leichter Schwindel, Schlappheit und kein Appetit – heute gehe ich nur ein paar Meter bis zum nächsten Laden, kaufe viel Wasser, Kekse und ein bisschen Obst. Cusco muss bis morgen warten.

Vier

Recycling in Cusco

Ich habe Koka-Tee entdeckt! Das Körbchen mit den Blättern steht im Hotel gleich neben der Kanne mit dem heißen Wasser. Kreislauf anregend aber auch Blutzucker regulierend soll der Sud sein. Und er soll die Anpassung an die Höhe erleichtern. Der Geschmack ist etwas fad, die Wirkung erfreulich. Wenn ich das Zeug auch bei uns zuhause bekommen könnte, bräuchte ich keine Kreislauftropfen mehr.

Die Hotelangestellten haben mich ins Herz geschlossen. Hier ist grade nicht viel los, ihnen ist langweilig. Zum Zeitvertreib arbeiten sie mit viel Ehrgeiz an meinen Spanischkenntnissen. Ich muss nachsprechen wie in der Schule, werde korrigiert, getadelt und gelobt.

Die ersten Spaziergänge durch Cusco. Bis zur Plaza de Armas im Zentrum sind es nur etwa 400 Meter. Es geht leicht bergab. Rings um die Plaza reiht sich ein Prachtbau an den anderen. Scharen von Händlern und Schuhputzern warten dort auf die Touristen. Keine Minute vergeht, ohne dass man angesprochen wird. Postkarten? Aquarelle? Gestrickte Püppchen? Hüte? Oder vielleicht ein Ausflug nach Machu Picchu?

„No Gracias", Kopfschütteln, Lächeln.

Schnell merke ich: Es gibt unsichtbare Linien, die die fliegenden Händler nicht überschreiten. Die zahllosen Polizistinnen und Polizisten wirken wie Grenzposten. Nähert man sich diesen Uniformierten, sind die Händler plötzlich weg.

Doch nicht alle möchten etwas verkaufen. Ältere Jugendliche aber auch manche Erwachsene wollen vor allem Englisch üben. Nach anfänglich misstrauischem Zögern folgen viele Gespräche nach dem Muster: Wie heißt du? Woher kommst du? Bist du verheiratet? Hast du Kinder?

Wer Menschen liebt, wird Cusco lieben.

Nur will keiner verstehen, warum ich nicht für vier Soles ein kleines Mädchen in bäuerlicher Tracht samt Lamababy auf dem Arm fotografieren möchte.

Mich ziehen vor allem die Farben in ihren Bann. Kräftiges Rot wird mit Gelb, Orange oder Pink kombiniert. Kunst oder Kitsch? Der Übergang ist fließend. Am liebsten würde ich kaufen, kaufen, kaufen. Teppiche, Taschen, Bilder … Aber schon am Anfang der Reise Berge von Gepäck anhäufen? Pakete packen und umständlich nach Hause schicken? Nein, sicher nicht.

Nach Cusco strömen Touristen der Kolonialbauten, aber vor allem der beeindruckenden Inkamauern wegen, auf denen die bröckelnden Kirchen der spanischen Eroberer stehen.

Mein selbsternannter zehnjähriger Stadtführer – er stellt sich als Michael Jackson vor – ist Profi.

„Müsstest du nicht in der Schule sein?"

Verächtliches Achselzucken. „Was die mir da beibringen, kann ich längst alles."

Vielleicht hat er Recht.

Die Inkamauern zeigt er mit Stolz. Die darauf errichteten spanischen Gebäude erklärt er, seien die „Mauern der Unfähigen", weil sie bei Erdbeben Risse bekommen oder einstürzen. Die tonnenschweren Inkasteine hingegen bleiben wie und wo sie seit Jahrhunderten sind. Sie wurden so perfekt bearbeitet, dass sie fast fugenlos und ohne Mörtel den Naturgewalten standhalten. Außerdem liegen sie auf einem Fundament aus runden, bowlingkugelgroßen Steinen, die die Wirkung der Erdstöße dämpfen. Sagt Michael Jackson.

Wo man geht und steht, geben Kinder und Erwachsene touristische Hinweise. Ungefragt und immer in der Hoffnung auf ein Trinkgeld. Manchmal hilft als Antwort ein Lachen. Es wird fast immer erwidert.

Auf jeden Besucher, der sich nicht anzapfen lässt, kommt sicher auch einer, der den Geldbeutel zückt.

Bei ziemlich wechselhaftem Wetter fotografiere ich den bekanntesten Inkastein der Stadt, den berühmten, zwölfeckigen Buckelquader in der Calle Hatunrumiyoc. Kaum habe ich mein Bild, schiebt sich eine Wolke vor die Sonne. Ein junger Mann fordert Geld für die Beleuchtung.

„Du willst die Sonne für mich angeknipst haben? Bist du Jesus?", frage ich.

„Nein. Ich bin Pepe." Er lacht. Von Bezahlung ist nicht mehr die Rede.

Dank der vielen kurzen Gespräche wird mein Gruselspanisch langsam erträglicher. Je mehr ich dazulerne, desto preisgünstiger wird das Obst bei den Straßenhändlerinnen. Kein Zufall.

Kulturbeflissen besuche ich Museen, in denen oft schlecht konservierte und schummrig beleuchtete Exponate von unschätzbarem Wert vor sich hin gammeln. Um Cuscos Museen zu modernisieren, wären Unsummen nötig, die aber ganz eindeutig nicht zur Verfügung stehen. Beeindruckend sind die rituellen Geräte, Werkzeuge und vor allem die Mumien dennoch. Genauso wie die düsteren kolonial-spanischen Kirchen, die mit ihren schweren beschlagenen Türen Trutzburgen ähneln.

Doch viel spannender ist das Leben auf den Straßen und Plätzen.

Nicht wegzudenken sind die Hunde. Zur Meute der Straßenköter, die unablässig nach Fressbarem stöbert, gehören auch eine Deutsche Dogge, ein Boxer und ein Weimaraner.

Keine Ahnung, wie diese teuren Rassehunde zu der bunt gemischten Truppe kommen. Jedenfalls sorgen sie für eine spezielle Art von Recycling:

Mann trägt Mülltüte zur Mündung einer Gasse und legt sie dort neben den anderen Tüten ab. Theorie: Abends kommt der Müllwagen und sammelt die Tüten ein. Praxis: Die Hunde sind schneller. Sie fallen über die neue Tüte her, zerfetzen sie. In Ruhe fressen können aber nur die Rudelchefs. Die anderen Köter schlingen schnell irgendwas in sich hinein. Dann laufen sie weg, lassen sich fünfzig Meter weiter nieder und würgen alles wieder aus. Es folgt die eingehende Inspektion der anverdauten Beute. Was bei näherer Begutachtung für tatsächlich fressbar gehalten wird, wird erneut vertilgt. Der Rest bleibt liegen. In diesen Rest tritt dann der Mann, der die nächste Mülltüte …

Fünf

Südamerika Overland

Overland-Reiseanbieter gibt es viele. Sie sind der Alptraum aller Individualabenteurer. Hat man gerade sein Zelt an einem lauschigen Plätzchen – Geheimtipp!! – aufgestellt, genießt in Ruhe sein Tütensüppchen, die Aussicht oder den Plausch mit einem Einheimischen, so reagiert man auf den Klang herannahender Dieselmotoren schnell allergisch.

Denn fällt erst mal eine Overland-Reisegruppe ein, ist es mit der Ruhe vorbei. Gnadenlos wird die Aussicht mit identischen Igluzelten zugebaut und der einzige überdachte Grillplatz mit Ausrüstungskisten voll gestellt. Mit etwas Pech lauscht man für den Rest des Abends den Klängen einer schlecht gestimmten Wandergitarre (Smoke on the Water!), oder einem Robbie-Williams-live Mitschnitt aus einer scheppernden Lastwagen-Lautsprecheranlage.

Mit umgebauten Trucks oder Bussen fahren Overland-Gesellschaften bestimmte Routen ab. Die Passagiere schlafen in Zelten, die sie selbst aufbauen, müssen reihum für die ganze Gruppe einkaufen, kochen und auch sonst noch allerhand Aufgaben übernehmen.

Hin und wieder wird in günstigen Hotels, in Hostels oder bei Familien übernachtet. Die Reiseroute ist festgelegt, Abweichungen sind möglich. Es gibt einen Zeitplan, der ungefähr eingehalten wird. Das Wetter, die Straßenverhältnisse oder spontane Gruppenbeschlüsse können ihn kippen.

Die Vorteile einer Overland-Reise liegen auf der Hand: Das Transportproblem ist gelöst. Zumindest solange das benutzte Vehikel halbwegs verkehrstüchtig ist. Anstatt Fahrpläne zu studieren, Preise zu vergleichen und sich Tage oder Nächte in obskuren Busbahnhöfen oder Bahnstationen um die Ohren zu schlagen, sucht man sich einen Platz im Truck und nennt ihn fortan sein Zuhause.

Das Reisen in der Gemeinschaft bietet Sicherheit und Unterhaltung. Man wagt sich auch in Gegenden vor, die man allein vielleicht meiden würde und lernt Menschen jeder Altersgruppe und vieler Nationalitäten kennen.

Eigentlich ganz schön. Herrscht gute Stimmung unter den Reisenden, macht das Zusammenleben Spaß. Ansonsten wird die Fahrt leicht zum Horrortrip.

Wer zu sehr im Gruppenleben aufgeht, bekommt zwar intensiven Kontakt mit Engländern, Australiern und Neuseeländern, nimmt die Bewohner des Reiselandes womöglich aber nur noch am Rande wahr. Dagegen hilft, sich, so oft es geht, selbstständig zu machen, häufig auf eigene Faust loszuziehen und wenigstens ein paar Brocken der Landessprache zu lernen.

Die Anforderungen einer Do-it-yourself-Gruppenreise sind vielfältig: Für jede Tasse Tee muss erst mal eine sperrige Feldküche aufgebaut werden. Besonders frustrierend finden so etwas versierte Leichtgewichtstrekker.

Außerdem kann Einkaufen und Kochen für eine größere Truppe ziemlich zeitintensiv sein. Feilschen und Handeln auf peruanischen oder bolivianischen Märkten ist spannend. Ewiges Anstehen an einer Supermarktkasse in Brasilien nervt einfach nur. Vor allem, wenn mal wieder der Strom ausfällt und damit der ganze Einkaufsbetrieb lahmgelegt wird.

Bei einer Overland-Tour passt man sich an, macht Kompromisse. Pausen gibt es, wenn die Mehrheit eine fordert. Gepinkelt wird in Raststätten oder auf Kommando am Straßenrand. Nichts für zimperliche Gemüter.

Manchmal hätte man gerne mehr oder auch weniger Zeit an einem bestimmten Ort, mehr Fotostopps oder Pausen an anderen Stellen. Doch darüber entscheidet nicht der Einzelne.

Und so ein Overland-Truck fällt auf. Einerseits macht er die Menschen neugierig – eine Möglichkeit, Kontakte mit Einheimischen zu knüpfen. Andererseits ist es nahezu unmöglich, sich mit einem solchen Vehikel halbwegs unauffällig durch die Landschaft, durch Städte oder Dörfer zu bewegen. Man mag das als Nachteil empfinden, aber jeder ehrliche Individualreisende weiß: Auch als Einzelner ist man immer und überall leicht als Tourist zu erkennen.

Ich habe die verschiedensten Arten zu reisen ausprobiert, bin lieber allein oder mit nur einem Reisepartner auf Tour. Aber hin und wieder ist es schlichtweg bequemer, sich den Overlandern anzuvertrauen.

In Cusco trudeln im Lauf der nächsten Tage zukünftige Mitreisende ein, und schließlich auch die Truppe, die schon seit Quito auf dem Truck lebt.

Sechs

Der andere Inka-Trail

Es gibt den klassischen Inkatrail – etwa 45 Kilometer lang – der nur mit Führer und kostenpflichtigem Permit begangen werden darf. Drei oder vier Tage lang wandert man auf dem historischen *Camino Inca* bis zu den legendären Ruinen von Machu Picchu durchs Gebirge. Unterwegs gibt es immer wieder kleinere und weniger bekannte Inkaruinen zu besichtigen. Ein 4200 Meter hoher Pass muss überwunden werden, geschlafen wird in Zelten. In der Hochsaison mutiert der Weg zur Wanderautobahn. Überfälle durch Wegelagerer kommen vor.

Die Inkas haben aber nicht bloß diesen 45 Kilometer langen Pfad angelegt und begangen – die Bergwelt um Machu Picchu ist von einem uralten Wegenetz durchzogen, das die Bergbauern noch heute benutzen.

Die Strecke, für die wir uns entschieden haben, wird als alternativer Inkatrail beworben, führt über zwei Pässe – ca. 4400 und 4800 Meter hoch – und endet nicht in Machu Picchu. Auch wir brauchen Führer und „alternativ" heißt: Unterwegs werden Dörfer besucht, man hat Kontakt mit den Bewohnern, campiert auf deren Land, benutzt ihre Packtiere. Die Bergbauern verdienen damit Geld, ziehen einen wirtschaftlichen Nutzen aus dem Wandertourismus, sind deshalb bestrebt, die Bergwelt zu schützen und haben ein wachsames Auge auf die Wanderer und deren Habseligkeiten. Kein schlechter Deal. Unterwegs ist immer nur eine Wandergruppe, also kein Gedränge in den Camps, viel Platz, viel Natur, viel Ruhe. Klingt gut.

Tag 1

Reichlich Inkaruinen, wenig Strecke. Eigentlich noch gar kein richtiger Wandertag. Unsere Führer nutzen die Gelegenheit, die Gruppe kennenzulernen und die Fitness der einzelnen Mitglieder einzuschätzen. Aber erst mal schauen wir uns *Saqsaywamán*, eine gewaltige, von den Inkas erbaute Anlage oberhalb von Cusco an. Kultstätte, Festung oder beides? Die Historiker streiten sich. Hier sind die Steinblöcke jedenfalls noch größer und noch eindrucksvoller als unten in der Stadt. Unser Führer Smithy bringt uns die Inkakultur näher. Er kennt sich mit seinen indianischen Vorfahren genauso gut aus wie mit Gringos, hat die richtigen Informationen parat und würzt sie mit fast britisch schwarzem Humor. Ein viel versprechender Anfang.

Dann geht es per Bus weiter in das Örtchen Pisaq mit seinem malerischen Markt und den gigantischen Inkaterrassen. Über Hunderte von Höhenmeter steigen sie an einer Bergflanke empor. Selbst wer mit Geschichte nichts am Hut hat, kann über die schiere Größe dieser Bauwerke nur staunen. Wir kommen bei der Besichtigung mächtig ins Schnaufen und Smithy behauptet, wenn alle Inkaterrassen wieder landwirtschaftlich genutzt würden, könnte man mit der Ernte ganz Peru versorgen. Unser Respekt vor den architektonischen und handwerklichen Leistungen der Inkas wächst mit jeder Stunde, die vergeht.

Gegen Abend schaukelt uns der Bus erst über schlechte Teerstrassen. Wirklich große Schlaglöcher werden mit Steinmännchen markiert – aber nicht immer. Dann geht es auf einer Schotterpiste über einen 4900 Meter hohen Pass. Besser nicht links oder rechts aus dem Fenster schauen, sondern immer nur geradeaus. Schließlich endet auch der geschotterte Teil der Strecke. Fortan kämpft sich der Bus über eine ebenso kurvige wie vom Nieselregen glitschige Lehmstraße zum ersten Dorf an unserer Wanderstrecke. Immer wieder hält der Fahrer. Er muss zurücksetzen, weil die Kehren für das Fahrzeug zu eng sind. Hinter uns gähnt der Abgrund. Instinktiv klammern wir uns alle am Vordersitz fest. Wir suchen nach Halt und Sicherheit, nur für den Fall, dass der Fahrer das hintere Ende des Busses doch einmal zu weit über die Kante der Lehmstraße hinaus ragen lässt …

Ich unterhalte die Mitreisenden mit der schwäbischen Weisheit: „Besser schlecht gefahren als gut gelaufen." So recht überzeugt ist niemand.

Dann endlich erreichen wir das Dorf. Es wird schon dunkel und es regnet unablässig vor sich hin. Die Dorfbewohner bauen unsere Zelte auf. Ein seltsames Gefühl, aber das gehört mit zu unserem Alternativdeal. Hier sollen keine Almosen verteilt, sondern für Arbeit bezahlt werden. Zur festen Begleit-Crew gehören peruanische Köche. Sie bereiten ein köstliches Abendessen zu, das wir im Dorfschulhaus verspeisen. Tausendmal besser als draußen auf 3700 Meter im Regen zu stehen. So wie unsere Zelte. Nach dem Essen kommt der Dorflehrer und gibt uns eine Quechua-Stunde. Die uralte und fast verschwundene Sprache der Bergbauern führt bei uns zu Knoten in Zunge und Gurgel. Mehr Spaß als wir hat nur der Lehrer selbst an unseren Chorsprechübungen. Am lautesten lachen die Dorfbewohner, die sich als Zuhörer eingefunden haben.

Langsam reift in uns der Verdacht, dass wir Wandertouristen nicht nur einen ökonomischen Nutzen haben. Auch unser Unterhaltungswert ist an diesem abgelegenen Fleck in den Anden nicht zu unterschätzen.

Tag 2

Wecken um 5:30 Uhr. Vor allem die Besitzer zu dünner Schlafsäcke sind froh über das Ende der Nacht. Es wird ernst: Unser Hauptgepäck wird auf Lamas und Pferde verladen.

Wir müssen nur die Daypacks tragen. Auf zum ersten Pass: Gringo Speed. Das Schneckentempo finde ich in Ordnung. Schließlich wandere ich zum ersten Mal in so großer Höhe. Schlimmer ist das Warten auf die Nachzügler. Mir wird kalt! Eiskalt. Das macht vor allem der Regen, der jetzt im Dezember ausgiebig fällt. Konditionsprobleme habe ich zum Glück nicht.

Nach etwa eineinhalb Stunden muss die erste Mitwanderin auf das sogenannte Ambulanzpferd umsteigen. Ihr ist schlecht, sie kämpft mit einer Erkältung.

Bei einem längeren Halt pflanzen wir zusammen mit den Bewohnern des Dorfes, in dem wir die Nacht verbracht haben, etwa 250 Quenua-Setzlinge an einen Hang. Intakte Quenua-Wälder gibt es in den Anden kaum noch. Das extrem langsam wachsende Holz der orangerot schimmernden Stämme wurde in den letzten Jahrzehnten verheizt und verbaut. Nun soll der Lebensraum Bergwald auch mit Hilfe der Alternativwanderer wieder aufgeforstet werden. Alle packen kräftig an – Männer, Frauen, Kinder und Gringos. Wir sprechen zwar nicht dieselbe Sprache, aber die Verständigung klappt prima. Nach zwei, drei Stunden sind alle dreckig und verschwitzt, aber über den Hang ziehen sich ordentliche Reihen von Setzlingen. Wird hier in fünfzig Jahren ein kleines Wäldchen stehen?

Geruhsam stapfen wir weiter zum Huillquikasa Pass. Leichter Schwindel, Finger- und Zehenspitzen prickeln. Mein körpereigener Höhenmesser signalisiert, dass wir die 4000 Meter Marke überschritten haben. Langsames Gehen, gleichmäßiges Atmen. Die Landschaft erinnert trotz der Höhe an Nordschweden oder an das schottische Hochland, hier und da mit einem Touch Dolomiten. Nur die Pflanzen sehen völlig anders aus. Neidvoll beobachten wir die Viscachas, etwa 60 Zentimeter lange chinchillaähnliche Hasenmäuse, die scheinbar mühelos über die Felsbrocken an den Hängen hopsen. Dann ist die Passhöhe mit 4400 Metern erreicht. Eine Stunde lang geht es auf der anderen Seite wieder bergab. Dort sehen wir mit großer Freude, dass am Rand einer Senke ein Lunchzelt für uns aufgebaut wurde. Dekadent vielleicht – aber sehr willkommen, denn inzwischen gießt es wie aus Kübeln.

„*It's raining lamas and guinea pigs*", kommentiert unser Führer Smithy lapidar.

Die Köche empfangen uns mit dampfend heißer Suppe. Wir sind gerührt.

Gestärkt machen wir uns in einer Regenpause an den Abstieg ins nächste Dorf, vorbei an gut bestellten Feldern mit manchmal nahezu 30 Prozent Gefälle! Die Furchen sind wie mit dem Lineal gezogen. Heute stehen die orangeroten Zelte schon im Schulhof mitten im Dorf, der eigentlich nur eine sanft abfallende Wiese vor dem Schulgebäude ist. Wir müssen uns bloß noch ein Zelt aussuchen und unser Gepäck darin verstauen. Nach einer kurzen Verschnaufpause wird ein Fußballspiel organisiert. Wandertouristen und Begleit-Crew gegen Dorfbewohner. Der Platz ist abschüssig, es gibt riesige Pfützen. Gespielt wird in Wanderstiefeln und Sandalen. Motto: Hart aber unfair. Am Ende halten wir uns für die Sieger. Aber die Tore werden nur nachlässig gezählt. Viel aufregender finden alle, dass Smithy, unser Stürmer, beim Zweikampf um den Ball in einen Pferdetrog fällt.

Nach dem Spiel sind wir zu einem Besuch im Haus des Ortsvorstehers, Senor Martin, ein Stück weiter bergauf eingeladen. Senor Martin wohnt mit Frau, Kindern, dem über hundertjährigen Großvater, der noch regelmäßig auf dem Feld arbeitet, und der eisernen Reserve – etwa 15 Meerschweinchen – in einem zugigen Steinhaus. Die Meerschweinchen wuseln auf dem Lehmboden unter der erhöhten Schlafstelle umher. Der Steinofen, auf dem die Kartoffeln fürs Abendessen köcheln, qualmt fürchterlich. Senor Martin führt uns die Arbeit mit dem Grabstock vor. Wir denken an die akkurat bestellten Felder und werden sehr demütig und still. Ein solches Leben unter solchen Bedingungen können wir uns einfach nicht vorstellen. Stünde nicht ein blechern dudelndes Radio in einer Ecke, kämen wir uns vor wie in die Jungsteinzeit versetzt. Mit unseren Wanderstiefeln, den Fleece- und Goretex-Klamotten fühlen wir uns plötzlich ein bisschen overdressed.

Unten in der Schule erwartet uns erneut ein fantastisches Abendessen. Unsere Köche können zaubern. Ein letzter Blick auf den Gletscher am Ende des Tales, den die Wolken gerade einmal frei geben, und ab geht es in den Schlafsack.

Tag 3

Tausend Höhenmeter liegen vor uns. Vier Mitwanderinnen winken ab. Erkältungen, Konditionsprobleme und die Höhe setzen ihnen zu. Sie steigen mit einem unserer Führer und einem Packpferd zur nächsten Straße ab und werden am Ende der Tour wieder zu uns stoßen.

Wir anderen stapfen bergauf, bergauf. Wieder beginnt es zu regnen. Unsere Lastlamas und Packpferde ziehen vorbei. Die Lamas haben rote Wollquasten in den Ohren. Schmuck, Tradition und eine Markierung, mit deren Hilfe der Besitzer seine Tiere auch von weitem erkennt.

Weil immer wieder jemand fast schlapp macht, dauert es ewig, bis wir den Pass erreichen. Irgendwann beginnt es zu schneien. Da ich ganz vorn hinter dem Führer gehe, muss ich oft lange warten, bis auch die letzten zu uns aufschließen. Bald bin ich deshalb trotz vieler Lagen Kleidung durchgefroren bis auf die Knochen. Noch nie im Leben war mir so kalt. Die sicherlich grandiose Landschaft sehen wir im Schneetreiben nur schemenhaft. Wie unglaublich schade!

Wieder kommt das Ambulanzpferd zum Einsatz. Es trägt eine Mitwanderin zum Pass. Dadurch geht es nun ein bisschen zügiger vorwärts. Auf 4900 m legt jeder den mitgetragenen Stein nieder. Er soll in etwa die Größe unserer Sünden haben. Wahrscheinlich haben wir alle ein bisschen geschummelt.

Zum Feiern ist uns auf der Passhöhe nicht zumute. Wir wollen nur aus dem Schneetreiben raus.

Auch heute erwartet uns ein paar hundert Meter unterhalb das bereits aufgebaute Lunchzelt. Es steht am Rand eines noch intakten Quenua-Wäldchens. Die orangebraun glänzenden Stämme stehen aus wie verrenkte Gliedmaßen, die aus dem moosigen Boden ragen. Ein unheimlicher kleiner Horrorwald.

Die Crew grinst über die erschöpften Gringos, aber nur sehr diskret. Warme Suppe und eine herzhafte Brotzeit, dann geht es weiter hinunter zum Camp – längst für uns aufgebaut aber triefnass.

Diesmal gibt es kein schützendes Schulhaus, nur eine Lichtung mit einem kleinen Flüsschen, das wir argwöhnisch begutachten. Wie lange wird es dauern, bis der unablässig fallende Regen es über die Ufer treten lässt? Bei gutem Wetter wäre das Camp am Fluss sicher ein Idyll. Aber heute ist alles nur nass und kalt. Nicht mal die Schlafsäcke sind trocken geblieben. Die Stimmung ist entsprechend. Glühwein zum Abendessen. Die Stimmung wird besser. Nur stelle ich nach dem ersten kleinen Schluck fest, dass ich auf dieser Höhe auf Alkohol lieber verzichten sollte. Bei mir wirkt die winzige Kostprobe wie ein Schlag auf den Kopf.

Besorgt begutachten wir vor dem Schlafengehen noch einmal den angeschwollenen Wasserlauf und hoffen, dass der Fluss sein Bett über Nacht nicht verlässt. Die atemberaubend schroffen Gipfel, die unser Camp im Halbrund überragen, sehe ich erst nachts um Drei. Weil da der Regen endlich aufgehört hat, der Mond hell scheint und ich dem Klozelt einen Besuch abstatten muss. Lange bestaune ich die nächtliche Berglandschaft. Wie schön muss es erst oben auf dem Pass sein, wenn Wolken und Schnee die Fernsicht nicht auf Null reduzieren!

Tag 4

Wir verabschieden uns von den vielen Menschen, die uns auf der Wanderung umsorgt haben. Von den Köchen, den Pferde- und Lamahirten, von den Helfern und Helferinnen, die die Gringos geduldig und mit gutmütigem Spott begleitet haben. Unser Respekt für diese hart arbeitenden Leute ist riesig. Viele Reden werden gehalten, auf Spanisch, Englisch und Quechua. Die Trinkgelder werden feierlich überreicht.

Dann der Abstieg, vorbei an Wasserfällen. Durch malerische Hochtäler wandern wir immer tiefer. Die Vegetation wird dichter, die Temperaturen werden sommerlicher. Bald planschen wir sogar barfuß in einem kleinen Bach. Der Pfad verwandelt sich in eine Schotterpiste. An deren Rand wartet der Bus auf uns. Die meisten sind froh, dass damit das Wandern erst mal ein Ende hat.

Wir fahren in ein Dorf, wo man Chicha braut, das berüchtigte Maisbier. Vor den Häusern, in denen es ausgeschenkt wird, hängen orangerote Quasten. Die Senora, bei der wir einkehren, ist auf Touristengruppen eingestellt. Sie hat kleine Becher parat und lässt uns erst mal vorsichtig kosten. Chicha schmeckt wie saurer Apfelmost mit Maisaroma. Gemischt mit Fruchtsaft ist das Maisbier durchaus zu genießen. Mit Vorsicht. Das Zeug fährt durch den Magen wie Essigreiniger.
Ob wir auch Hunger hätten? Wir dürften uns gern nebenan im Schuppen ein Meerschweinchen aussuchen …
Wir werfen einen Blick auf das fröhlich quiekende Gewusel von etwa fünfzig Tierchen und verzichten.
Der Bus bringt uns jetzt nach Ollantaytambo. Noch eine Inkafestung mit gigantischen Terrassen und einem steinernen Tisch für Kopfoperationen. Besonders beeindruckt uns hier das immer noch funktionierende Bewässerungssystem, das die Terrassen feucht hält, ohne den Boden wegzuschwemmen. Einige der hier zahlreich versammelten Touristen können sich den ironischen Kommentar nicht verkneifen, dass alles, was in dieser Gegend funktionstüchtig sei, wohl aus der Inkazeit stamme.
Die Nacht verbringen wir in einem hübschen kleinen Hotel. Mit Dusche. Mit warmer Dusche.
Zum Abendessen treffen wir uns in einer Pizzeria, in der es alles gibt – außer Pizza. Kaum sitzen wir, schon naht die obligatorische Folklore-Band und gibt das unvermeidliche „*El Condor Pasa*" zum Besten. Was sonst?

Tag 5
Mit dem Zug geht es heute durchs Urubamba-Tal Richtung Machu Picchu. Eine großartige Fahrt. Anfangs sehen wir Felder, auf denen vor allem Kartoffeln und Mais angebaut werden. Von beidem soll es Hunderte verschiedener Sorten geben.
Nach und nach verengt sich das breite grüne Tal zur Schlucht. Schließlich beginnt der Dschungel, ein sogenannter semitropischer Bergurwald. Wir kleben staunend an den Fenstern.

In Aquas Calientes steigen wir aus. Was für ein Kaff! Hier trifft sich die Welt – auf einer Baustelle. Wobei nicht klar ist, ob die Gebäude schon wieder in sich zusammenfallen oder gerade erst im Aufbau begriffen sind. Die Hauptstraße ist keine Straße, sie besteht aus Häuserreihen rechts und links der Bahngleise. Etwa zwanzig Minuten braucht der Bus noch von Aquas Calientes bis hinauf zur verlorenen Inkastadt Machu Picchu. Kehre um Kehre geht es steil bergauf. Um uns Wolken und Nebel. Aber Smithy ist optimistisch. Mindestens eine Stunde lang Sonne verspricht er uns für den heutigen Tag.

Wir betreten die Anklage, erklimmen einen Aussichtspunkt und warten. Ein kohlrabenschwarzes Lama schreitet heran, klimpert mit den langen Wimpern und posiert für Fotos. Nach fast einer Stunde wollen wir ungeduldig werden. Aber die Götter sind mit uns: Die von Smithy oft zitierten Mächte über Himmel, Erde und Unterwelt – Kondor, Puma und Schlange – haben ein Einsehen mit den Gringos. Plötzlich zerreißt der Nebelvorhang. Gänsehaut. Machu Picchu, die sagenumwobene Inkastadt, liegt uns zu Füßen. Ein unglaublicher Anblick. Und in natura um so vieles beeindruckender als auf all den vielen Bildern, die wir davon gesehen haben. Per Internetabstimmung wurde die Anlage im Jahr 2007 zu einem der neuen Weltwunder gewählt. Zu Recht.

Den ganzen Tag verbringen wir zwischen den historischen Mauern und auf unterschiedlichen Aussichtspunkten. Ein paar von uns besteigen den Wayna Picchu, den Bergkegel, der die Ruinenstadt um etwa 300 Meter überragt. Die unzähligen hohen Treppenstufen, die oft fast senkrecht hinaufführen, machen den Weg anstrengender als die Passabschnitte des Inka Trails und sind nichts für Leute mit Höhenangst. Oben angekommen, belohnt ein Panoramablick. Wir sehen die Inkastadt aus der Vogelperspektive und staunen über die zahllosen schroffen Gipfel, die Machu Picchu wie steinerne Wächter umstehen. Jeder macht sich seine eigenen Gedanken zu den zerfallenen Tempeln, Palästen und Lagerhäusern. Die Bauwerke sind längst ausführlich erforscht. Die geheimnisvolle Aura, die sie umgibt, ist geblieben.

Abends geht es mit dem Bus nach Aguas Calientes zurück. Dann mit dem Zug nach Cusco. Auf der Fahrt gibt es ein groteskes Spektakel. Erst verkleidet sich ein Schaffner als folkloristisches Gespenst und führt zu dumpfen Trommelklängen im Gang zwischen den Sitzen einen angeblich traditionellen Tanz auf. Anschließend gibt es eine Modeschau. Derselbe Schaffner und eine Kollegin modeln üb$$ $$teuere und unsagbar scheußliche Wollklamotten, die hinterher zum Verkauf angeboten werden. Ein seltsamer Ausklang nach dem beschaulichen Inka Trail und dem wundervollen Tag in Machu Picchu.

Im Hotel in Cusco begrüßen mich die Angestellten wie eine heimgekehrte Tochter. Ob ich auch brav weiter Spanisch gelernt hätte?

Wir feiern unseren gelungenen Trail mit saurem Sekt und Koka-Tee. Smithy möchten wir am liebsten adoptieren. Der Abschied von ihm fällt schwer. Nach der kleinen Feier geht's ans Wäschewaschen.

Ab morgen sind wir Overlander, die ihre Zelte selbst aufbauen, ihr Essen selbst kochen und nicht mehr von früh bis spät umsorgt und bedient werden.

Sieben

Panne in Sillustani

Frühmorgens wird der Truck beladen, jeder sucht sich ein Plätzchen. Durch Peru, Bolivien, Chile und Argentinien, ganz hinunter nach Patagonien und Feuerland, dann an der Ostküste Argentiniens entlang hinauf nach Buenos Aires und schließlich bis Rio? In dieser Klapperkiste? Es erscheint unmöglich. Typisch deutscher Pessimismus? Oder eher eine dumpfe Vorahnung?
Im Schneckentempo quält sich der Truck hinauf auf den Altiplano, die Hochebene, die sich über diese Ecke Perus, Teile Boliviens und Chiles erstreckt. 3700 Meter über N.N. befinden wir uns im Durchschnitt.
Inzwischen bin ich komplett höhenakklimatisiert, bewege mich wieder in normalem Tempo und kann gut schlafen. Gegen niedrigen Blutdruck hilft eine Tasse Kokatee am Morgen und eine am Nachmittag. Ich mache mir weiterhin ernsthaft Gedanken über einen Import nach Deutschland.

Der Truck schnauft und ächzt. Unsere Fahrer murmeln etwas von einem Leck in einer Druckluftleitung. Oder so. Immer wieder wird angehalten und Fahrer Hugo – zunehmend ölverschmiert – verschwindet in den Innereien des Vehikels. Angeblich war der Truck während unserer Inka-Trail-Wanderung zu einer Generalüberholung in der Werkstatt. Ein Glück, dass ich ihn nicht vorher erleben musste.
Die Altiplano-Landschaft erinnert an Lappland, ist nur noch etwas weitläufiger, und an den Hängen grasen keine Rentiere sondern Lamas. Die Sonne ist brutal. Schon wenige Minuten im Freien reichen für einen ordentlichen Sonnenbrand. Da hilft nur Lichtschutzfaktor 45. Der Wind ist kalt und sehr trocken.
Während einer Pause in der weiten Einsamkeit radeln zwei Kinder heran, ein Junge und ein Mädchen. Sie sind elf und zwölf Jahre alt und kommen von der Schule. Ein oder zwei Stunden seien sie immer unterwegs, meinen sie. Morgens hin, nachmittags zurück. Immer mit dem Fahrrad, in Wind und Wetter. Unser Truck gefällt ihnen und unser Spanisch finden sie lustig. Sie bleiben bei uns sitzen, bis die Reise weiter geht. Dann treten sie wieder in die Pedale und verschwinden über eine Hügelkuppe.

Bei der ersten Zeltübernachtung in dieser Halbwüste sehe ich allein beim Zähneputzen zwei Sternschnuppen. Die Zelte stehen neben einem kleinen Gehöft, wo öfter Tourgruppen Halt machen. Die Bewohner setzen sich abends eine Weile zu uns. Die Frau des Hauses breitet stumm ihre wunderschönen, handgestrickten Alpakapullover aus. Elaine, eine Engländerin, kauft für die ganze Verwandtschaft ein. Hoffentlich stehen ihre Neffen und Nichten auf Lamamuster!

Ich habe inzwischen ein anderes Problem: Wie bringt man einem freundlichen Köter bei, dass man ihn nicht dabei haben will, wenn man mit Schaufel und Klopapierrolle in der Hand das Camp verlässt? Und wo findet man auf dem Altiplano einen Busch?

Wir erleben nicht nur die zwar karge aber schöne Landschaft, wir fahren auch durch Juliaca, die aus unserer Sicht schrecklichste Stadt Perus. Die Provinzhauptstadt mit 80 000 Einwohnern scheint eine einzige wilde Müllkippe zu sein. Schweine, Hunde, Bruchbuden. Kinder, die in Abwasserkanälen spielen. Und das alles bei Nieselragen. Beklemmend.

Kontrastprogramm: Am Morgen nach der Sternschnuppennacht besichtigen wir die **Chull-pas**, die Begräbnistürme von Sillustani. Eine Prä-Inkakultur hat sie hinterlassen, Grabräuber haben sie zerstört. Auf einem Hügel stehen die Überreste der gesprengten Türme, deren Form vage an eine Gebärmutter erinnert. Darin kauerte der Tote zusammengekrümmt wie ein Fötus und sollte so in ein neues Leben hineingeboren werden. Lange schlendern wir über die zerfallene Anlage, denken über versunkene Kulturen nach und genießen die Weite des Altiplano.

Bei unserer Rückkehr zum Parkplatz die Nachricht: „**The truck is going nowhere.**" Ein Mechaniker aus Cusco muss her. Und ein neuer Kompressor. Oder ein gebrauchter. Jedenfalls einer, der funktioniert.

Und wir?

Während Hugo auf den Zauberer mit dem Steckschlüsselkasten aus Cusco wartet, rufen wir vom Sillustani Eintrittskiosk aus Taxis. Zoe, die Tourleiterin, fährt mit uns in den Klapperkutschen zur Hauptstraße. Dort halten wir ein **Colectivo** an. In Afrika nennt man diese meist hoffnungslos überfüllten Kleinbusse **Matatus**.

Damit geht es weiter bis Puno am Titicacasee.

Frage: Wie viele Leute passen in ein **Colectivo**?

Antwort: Acht bis zwölf mehr, als man glaubt.

Sehen kann ich gar nichts. Auf meinem linken Knie sitzt eine Schülerin in blauer Uniform, das rechte ist zwischen der Schiebetür und dem Mann eingeklemmt, der die Route aus dem Fenster brüllt und das Geld einsammelt. Während der Fahrt überlege ich tatsächlich ein paar Minuten lang, wo der Cappucino-Faktor dieser Reise ist … Aber das vergeht.

Acht

Titicacasee – Tretboote und Schilfinseln

Etwa 13 Mal so groß wie der Bodensee, befindet sich auf etwa 3800 Metern im Grenzland zwischen Peru und Bolivien das angeblich höchstgelegene schiffbare Gewässer der Welt. Malerisch vor der imposanten Kulisse der Cordillera Real mit ihren himmelhohen, schneebedeckten Sechstausendern drapiert, breiten sich die tiefblauen Wasser des Titicacasees vor uns aus.

Die Flottille kitschiger Tretboote in Form von Schwänen, Fröschen und anderem Getier, die in einem kleinen Hafen bei Puno dümpelt, entspricht allerdings nicht ganz der Vorstellung, mit der wir hierher gekommen sind.

Etwas zögerlich lassen wir uns auf das touristische Pflichtprogramm ein – einen Besuch auf den *Islas Flotantes*, den schwimmenden Schilfinseln der Uro-Nachfahren.

Doch der Ausflug lohnt sich. Nach all den imposanten Inka-Steinbauten betört uns der Kontrast: Die Schilfinseln sind filigran und sehr vergänglich. Ständig müssen die aus meterdicken Schilfpolstern bestehenden Inseln durch neue Lagen ausgebessert werden und sehen mit ihren Hütten, mit den Aussichtstürmen und den Booten aus Schilfrollen aus wie von Walt Disney entworfen. Sie sind eine Welt für sich.

Auf jeder Insel wohnen mehrere Familien. Wir treffen aber fast nur Frauen an. Sie sind sehr dunkelhäutig, was ihr entwaffnendes Lächeln noch strahlender wirken lässt. Uros sind außerdem klein und sehr gedrungen. Dieser Körperbau kommt ihnen auf dem schwankenden Untergrund sehr zugute. Die Uro-Frauen, die wir besuchen, tragen extrem farbenfrohe Röcke und Pullover. Ihr kohlschwarzes Haar ist zu glänzenden, hüftlangen Zöpfen geflochten. Touristengruppen kommen fast täglich hier vorbei. Trotzdem kichern sich die Frauen, die wir so bestaunen, über einen langbeinigen, hellhäutigen Zweimetermann aus Wales fast tot.

Früher boten die Inseln ihren Bewohnern Schutz vor feindlich gesinnten Nachbarvölkern. Heute wohnen viele Uros auf dem Festland in der Stadt. Erst in den letzten Jahren zogen wieder mehr Familien hinaus auf die Inseln. Teils aus Traditionsbewusstsein, teils des billigeren Wohnraums wegen, aber auch, weil der Tourismus den Schilfinselbewohnern eine zusätzliche Einnahmequelle eröffnet. Die meisten arbeiten zusätzlich auf den Feldern an den Ufern, gehen Fischen oder haben einen Job in der Stadt Puno. Gegen Abend sehen wir diese Leute in Motorbooten zu den Inseln zurückkehren, manchmal mit Aktentasche und Laptop. Einige Schilfhütten sind mit Solarpanelen ausgerüstet. Für den Fernseher, sagt man uns. Gekocht wird dagegen auf mit flachen Steinen ausgelegten offenen Herdfeuern. Ein Schilfboot bringt uns von einer Schilfinsel zur nächsten. Kleine Kinder tollen ausgelassen umher.

Schilfinselbewohnerinnen auf dem Titicacasee in Peru

„Können die schwimmen?"
„Nein. Das Wasser ist zu kalt. Nur zehn bis zwölf Grad."
„Und wenn sie hineinfallen?"
Unverständnis. „Die Kinder passen auf", hören wir.
Und das größte Kompliment für die Frauen?
„Sagt ihnen, sie hätten Augen wie Lamas", meint unser Führer.
Lieber nicht. Wer weiß.
Wir sehen eine Insel mit Schule und eine mit Gemeinschaftshaus.
Die Frauen winken uns zum Abschied. Ihr Lächeln strahlt hell in den dunklen Gesichtern.

Die Rückkehr in die hektische Stadt Puno ist fast ein kleiner Kulturschock. Nach ein paar Stunden kommentiert die sehr britische Emily: „Alle Architekten haben das Land verlassen und die Innenausstatter sind blind."

Wo sie Recht hat, hat sie Recht. Offenbar werden nach der Fertigstellung eines Gebäudes irgendwelche Steuern und Gebühren fällig. Deshalb sieht man hier wie fast überall in Peru vor allem halbfertige Häuser. Alles wirkt provisorisch, es gibt ganze Viertel bewohnter Bauruinen.

Wenn das Auge hier Schönes sucht, bleibt es früher oder später an den Frauen hängen. Manche haben sehr indigene Gesichtszüge, andere wirken fast asiatisch. Auch die Gene der spanischen Eroberer scheinen mitgemischt zu haben. Neben diesen dunklen Schönheiten fühlen wir uns blass und unansehnlich. Gut aussehende Männer? Wir halten angestrengt Ausschau. Das kommt wohl auf das Auge des Betrachters an. Oder der Betrachterin.

Nur etwa 100 m vom Hotel entfernt gibt es einen großen bunten Markt mit allem, was man so kaufen kann. Ich schlendere durch die engen Gassen, atme die verschiedenen Gerüche ein und kaufe Obst und köstliches, frisch gebackenes Brot. Natürlich werde ich neugierig angeguckt, aber die Händler und Händlerinnen sind deutlich zurückhaltender als in Cusco. Der große Markt von Puno ist ein Ort zum Einkaufen, keine touristische Veranstaltung.

Ein Taxifahrer, dessen Motorradtaxi ich fotografiere, tut, als wolle er einen Stein nach mir werfen. Als ich ihm lachend mit dem Finger drohe, muss auch er lachen. Später winkt er mir im Vorbeifahren …

Abends ist riesig was los auf den Straßen. Überall werden Garküchen aufgebaut, wird unter freiem Himmel gekocht und gebruzzelt. Ganze Familien verpflegen sich an diesen Ständen.

Mit Rücksicht auf meinen noch nicht akklimatisierten Magen warte ich damit noch ein bisschen.

Neun

Hippies und Heilige in Copacabana

Noch immer sind wir mit öffentlichen Verkehrsmitteln unterwegs. Der Kompressor für den Truck soll aber bald eintreffen. Am Westufer des Titicacasees entlang fahren wir mit dem Omnibus zur peruanisch-bolivianischen Grenze. Schlangestehen, Formulare. Wo die wohl alle landen? Ob die irgendwer noch einmal durchsieht?

Schon nach den ersten Metern werden deutliche Unterschiede zwischen Peru und Bolivien offenbar. Bolivien soll das zweitärmste Land Südamerikas sein. Haben wir gelesen. Vielleicht sehen für uns deshalb die Straßen und Gebäude gleich noch ärmlicher aus als in Peru.

Copacabana – 20 000 Einwohner und etwa 3800 Meter über N.N. erbaut – liegt kurz hinter der Grenze. Nach diesem zugleich touristischen und beschaulichen Städtchen ist der berühmte Strand von Rio auf der gegenüberliegenden Seite des Kontinents benannt.

Wir steigen in einer Bettenburg und Bauruine direkt am Seeufer ab. Das Hotel wird mehr schlecht als recht von Teenagern geführt. Nach einigen Tauschaktionen haben alle Overlander Zimmer mit Betten, fließend Wasser, Glas in den Fenstern. Dass es hier und da ein bisschen durchs Dach regnet und dass die Elektroduschen ziemlich abenteuerlich verkabelt sind – kein Grund für weitere Reklamationen. Sogar Handtücher finden sich auf Nachfrage.

Am nächsten Tag steht ein Ausflug zur Isla del Sol auf dem Programm. Die Bootsfahrt zur Sonneninsel beginnt im strömenden Regen. Bald tröpfelt es auch durchs Bootsdach der vollbesetzten Schüssel, und der eine oder andere beginnt diskret, die Schwimmwesten an Bord zu zählen. Wenn sich immer drei oder vier Passagiere eine teilen …

Als wolle die Isla del Sol ihrem Namen Ehre machen, lösen sich die Wolkenwände urplötzlich auf. Unser Ausflugsziel liegt vor uns im Sonnenschein. Der Überlieferung nach ist die Sonneninsel die Geburtsstätte der Inkakultur und –religion. Auf uns wirkt sie mit ihren Terrassenfeldern und dem hellen Gestein fast mediterran.

Wir schauen uns einige Ruinen an – eine Führung in Englisch wäre jetzt nicht schlecht. Doch es wird nur Spanisch mit einem starken Akzent gesprochen, und wir verstehen nicht alles. Dann tun wir, was alle tun, und wandern auf uralten befestigten Pfaden von Nord nach Süd. Wir genießen den Blick auf die Sechstausender, die im Südosten hinter dem See in den Himmel ragen. Das Wasser schillert in allen Blautönen von Türkis bis Marine.

Doch nicht alles ist Idyll: Am Wegrand sitzen immer wieder bettelnde Kinder in zerlumpten Kleidern, die uns beschimpfen, wenn es keine Bonbons gibt. Wir sind hilflos, ratlos und verlegen.

Weitere Unterschiede zu Peru werden sichtbar: Viele peruanische Bauern kleiden sich – immer noch oder inzwischen wieder – in traditionelle rote Ponchos, die Frauen tragen weite schwarze Röcke und bunte Strickjacken. In Bolivien dagegen sieht man viel mehr saubere aber abgetragene Altkleidersammlungs-Importe aus Europa. Und denkt vielleicht mal wieder über sein eigenes Konsum- und Wegwerfverhalten nach.
In Peru wird mit Elan und Geschick verkauft und vermarktet, was immer sich an den Touristen bringen lässt. Kunsthandwerk, Folklore und Sehenswürdigkeiten für zahlungskräftige Besucher. Peruanische Händler flirten, lachen, scherzen und schmeicheln. Die Reisenden werden effektiv aber meist charmant gemolken. Auch in Bolivien würde man gern vom Tourismus profitieren, aber die Versuche wirken unbeholfen und oft stoßen wir auf die Haltung: „Du hast was, also musst du mir was geben."
So ähnlich drücken sich auch die Kinder am Wegrand aus.

Abends sind wir wieder in Copacabana und ziehen durch das Städtchen. Hippies verkaufen selbstgemachten Schmuck. Die jungen Leute mit Rastalocken stammen aus aller Herren Länder und geben Copacabana einen kosmopolitischen Touch.
Gähnende Leere herrscht in den Lokalen. Im regnerischen bolivianischen Sommer zieht es nur wenige Reisende hierher.
Die **Basílica Virgen de la Candelaia** besuche ich früh am nächsten Morgen allein. Besonders schön ist ihr Mosaikdach. Zusammen mit den vielen Rundbögen lässt es die Kirche fast orientalisch wirken. Alte Frauen verkaufen Kerzen. Ich nehme zwei und finde links neben der Kirche eine Art Grotte, ein finsteres Verlies. Das flackernde Kerzenlicht bringt die Schatten an den Wänden zum Tanzen. Obwohl es noch so früh ist, beten hier schon viele Menschen. Zur Gottesmutter Maria? Ihr Bildnis hängt hoch oben an der Wand. Vielleicht gilt die Verehrung aber auch Pachamama, der Mutter allen Seins. Die Aymara, die hiesige indigene Bevölkerungsmehrheit, sind zwar offiziell katholisch, doch auffällig ist, dass über allen Altären kein Bildnis von Jesus hängt, sondern das seiner Mutter. Maria als Stellvertreterin für Pachamama? Sicher nicht zu weit hergeholt.
Die Stimmung in der Grotte ist mystisch und schaurig schön. Ich werde angeschaut, angelächelt. Ein kleiner Hund verirrt sich herein. Niemand beachtet ihn. Meine Kerzen gebe ich zwei kleinen Mädchen, die sie mit ernster Miene entzünden und aufstellen.

Anschließend gehe ich noch durch die Markthallen gegenüber der Basilika, kaufe Proviant für die Fahrt und schaue zu, wie Fleisch angeliefert wird. Wieder einmal gratuliere ich mir zu meiner noch jungen Entscheidung, mich vegetarisch zu ernähren.

Auf der Plaza treffen jetzt die ersten geschmückten Fahrzeuge ein. Wer sich ein Auto zulegt, kann es an bestimmten Wochentagen in Copacabana segnen lassen. Vielleicht sollten wir mit unserem Truck auch mal hier vorfahren. Der Mann, den ich bitte, seinen Wagen fotografieren zu dürfen, ist entzückt. Wir plaudern ein bisschen und bedanken uns bei einander. Er mir fürs Fotografieren, ich ihm dafür, dass ich fotografieren darf. Dann muss ich rennen. Der Truck ist repariert. Die Overland Tour geht weiter.

Zehn

La Paz – the City that never sleeps

Wer von New York als der „*City that never sleeps*" spricht, hat bloß noch nie in La Paz in einem Hotelzimmer mit Fenster zur Straße übernachtet.

Aber der Reihe nach.

Von Copacabana aus geht es mit dem reparierten Truck, der nun die Steigungen mit deutlich mehr Elan nimmt, auf einer Straße hoch über dem Titicacasee weiter. Immer wieder bieten sich atemberaubende Ausblicke auf die Gipfel der Cordillera Real und auf den See.

Am Wegrand lungern Hunde herum. Fernfahrer werfen ihnen oft Essensreste zu, um die Berggötter milde zu stimmen, damit sie für eine sichere Fahrt sorgen. Die Hunde sind wohl genährt.

Dann geht es hinunter nach San Pedro de Tiquina an der schmalsten Stelle des Titicacasees. Hier werden Fahrzeuge mit klapprigen Holzflößen nach San Pablo übergesetzt und hier ist auch – kein Witz – die bolivianische Marine stationiert. Einen Zugang zum Meer hat Bolivien schon lange nicht mehr.

Im Hafen verkauft ein Mann aus Schilf geflochtene lebensgroße Lamas.

Hugo fährt den Truck mit stoischer Gelassenheit auf ein schwankendes Holzgebilde mit Außenbordmotor, das für unser Vehikel gerade breit genug ist. Langsam und mit beträchtlichem Tiefgang kämpft sich die Floßfähre ans andere Ufer. Wir schauen mit gemischten Gefühlen zu, während Zoe die Geschichte von einem Overland-Truck der Konkurrenz erzählt, der mit den Habseligkeiten und den Reisepässen der Weltenbummler unten auf dem Grund der Engstelle liegt. Schwerpunkt zu hoch? Stürmische Überfahrt? Oder alles nur Legende? Wer weiß.

Personen werden mit Booten übergesetzt und laufen auf der kurzen Strecke kaum Gefahr, ebenfalls abzusaufen. Realistischer erscheint die Möglichkeit, sich an den Abgasen des Kahns zu vergiften, die sich im muschelförmigen Passagierdeck sammeln.

Weiter geht die Truck-Fahrt nach La Paz. Dicke Regenwolken ballen sich um uns zusammen und verhüllen den Blick auf die Bergriesen am Horizont.

Dann sind wir plötzlich mitten im Gewühl von El Alto, das längst viel mehr ist als ein hochgelegener Vorort von La Paz. Selbst beim bloßen Durchfahren kann man sehen, wie die 4100 Meter hoch gelegene Trabantenstadt weiter wächst. Straßenzug um Straßenzug werden trist aussehende Bauten aus dem Boden gestampft. Dazwischen Pfützen, Schutt und Schlamm. Hier wohnen eindeutig nicht die Reichen. Nicht einmal Straßennamen gibt es.

Zusammen sollen La Paz und El Alto etwa zwei Millionen Einwohner haben. Die Angaben variieren. Und wer kann schon die Neuankömmlinge zählen, die täglich in Scharen hier eintreffen?

Wie Hugo sich im Verkehrsgewühl zurechtfindet, warum er hier und da abbiegt oder die Spur wechselt, bleibt sein Geheimnis. Menschen, Autos, Trucks, Fahrräder und Motorräder, alles wuselt wild durcheinander.

Und dann stehen wir plötzlich am Rand des Kessels und blicken hinunter in die Stadt. Ein Anblick wie kein zweiter. Hochhäuser im Zentrum, an den Hängen mehrgeschossige Ziegelhäuser und noch weiter oben Bretterhütten. Drei Welten in einer Stadt. Mindestens. Ein bisschen unheimlich wirkt La Paz auf den ersten Blick durch seine Größe und die scheinbare Unübersichtlichkeit.

Zeit für eine Nahaufnahme. Unerschütterlich steuert Hugo unser Gefährt hinab ins Herz der Großstadt.

Wir wohnen direkt im Zentrum, gleich neben dem *mercado negro*, dem zweitgrößten Schwarzmarkt Boliviens. Der größte befindet sich oben in El Alto. Gehandelt wird mit fast allem, und zwar von 6:00 Uhr morgens bis 22:00 Uhr abends. Die Verkäuferinnen und Verkäufer arbeiten quasi rund um die Uhr. Vom Armband bis zur Zahnbürste, von garantiert echten Designer Jeans bis zu Kokablättern – hier gibt es alles, was man sich nur vorstellen kann.

Bei einer Stadtrundfahrt lernen wir: Ganz unten im vergleichsweise warmen Süden von La Paz wohnen auf 3200 Metern die Reichen – meist in schwer bewachten, eingezäunten Vierteln. Hier liegt auch der Golfplatz von La Paz und das Valle de Luna, eine faszinierende Mondlandschaft aus erodierten Erd- und Steintürmen, durch die wir einen kleinen Rundgang machen. Viel ist von dem bizarren Felsengarten leider nicht übrig. Die Stadt frisst Sand und Steine, sie sind Baumaterial.

Ganz oben im kalten Norden wohnen auf 4100 Metern die Armen. Offiziell geht man von einer 60 %igen Arbeitslosigkeit aus, wobei die scheinbar Arbeitslosen meist schuften wie die Pferde. Ohne Vertrag, ohne jede soziale Absicherung, ohne Steuern zu bezahlen.

Wir erfahren auch, dass die indigene Bevölkerung, dass alle Armen große Hoffnungen in den ersten Präsidenten setzen, der nicht aus der reichen, gebildeten Oberschicht stammt. Wir hören, wie viele Reformen er gleich in den ersten Wochen nach seiner

Amtseinsetzung in Gang gebracht hat, und wie diese Reformen von der offiziellen Wirtschaft unterlaufen, von der Opposition hintertrieben werden. Außerdem hat der Mann kurzerhand sein Präsidentengehalt halbiert. Diese Maßnahme machte ihn bei den Armen noch populärer, bei den Reichen aber ganz und gar nicht. Denn irgendein altes bolivianisches Gesetz besagt, dass niemand im Land mehr verdienen darf als der Präsident. Die Reichen finden Mittel und Wege, ihr wahres Einkommen zu verschleiern. Die Lage in Bolivien, scheint es, bleibt mehr als spannend.

Auf den Stufen der zerfallenden spanischen Prachtbauten in der Innenstadt sitzen viele Bettler. Besonders schockieren die Kinder, die an ihren jungen Müttern lehnen, die Stunde um Stunde nur dasitzen und so unheimlich still sind. Sie lachen nicht, sie weinen nicht. Sie spielen nicht, sie rennen nicht umher. Vielen der müden Frauen, die Klopapier oder andere billige Produkte feilbieten, kaufe ich etwas ab, obwohl ich gar nichts brauche. Arm sein in einem Land, wo es so kalt und nass ist, stelle ich mir besonders schlimm vor. Mit einer jungen Mutter, die ihr Plätzchen in einem Hauseingang in der Nähe des Hotels hat, teile ich meine Snacks. Unser Spanisch reicht nur für eine bruchstückhafte Unterhaltung. Oft ist mir angesichts der brutalen Armut hier zum Heulen zumute. Ändern tut das gar nichts.

Als Tourist lebt man in Bolivien fast wie in einer Parallelwelt. Es gibt Kneipen, Clubs und Restaurants, in denen nur das internationale Publikum verkehrt. Fast wie bei einem All-Inclusive Cluburlaub, nur deutlich rustikaler. Wer mit dem Alltagsleben in Bolivien nichts zu tun haben will, kann von einem Hostel ins andere driften, Ausflugstouren mit Jeeps und Mountainbikes buchen und abends mit Australiern und Iren an irgendeiner Bar sitzen. Wer Bolivien tatsächlich erleben will, geht einfach hinaus auf die Straße.

Und auf der Straße wünscht man sich oft, einen Zeitsprung in ein vergangenes Jahrhundert tun zu können, in dem die Kolonialbauten noch prächtig waren, in dem sich noch keine meterdicken Gespinste aus wild ineinander verschlungenen Stromleitungen von Hausecke zu Hausecke rankten. Dass es in den meisten Stadtvierteln von La Paz regelmäßig Blackouts gibt, verwundert niemanden.

In dieser Stadt wird spätestens am Nachmittag jede gewöhnliche Kreuzung zum Verkehrsknotenpunkt. Im wahrsten Sinne des Wortes. Gefahren wird nach dem Prinzip: Hupen statt bremsen und jede Lücke sofort schließen. Überforderte Polizisten versuchen, Ordnung ins Chaos zu bringen. In einer Großstadt wie dieser die Straße zu überqueren, gehört wahrscheinlich zu den am meisten unterschätzten Gefahren einer Südamerikareise.

Nach und nach erschließt sich aber auch der Reiz von La Paz. Tagelang bin ich in den steilen Straßen und Gassen mitten im Getümmel unterwegs. Ohne die kalten Regengüsse und die grauen Wolken wäre das noch reizvoller. Im Hotel tropft es durchs Dach. Aber nur ein bisschen.

Die Stadt wirkt sehr echt, sehr authentisch. Sie ist nicht für Touristen herausgeputzt. Altes mischt sich mit Neuem. Großstadtleben mit Dorfatmosphäre. Es gibt den Schwarzmarkt mit viel Ramsch und modernen Konsumgütern und zwei Straßen weiter den sogenannten Hexenmarkt.

Lamafötus gefällig?

In das Fundament eines Hauses eingegraben, verheißt er Schutz für das Gebäude. Für jede Lebenslage, für jedes Problem, für jede Sehnsucht lassen sich hier die passenden Pülverchen, Kräuter, Tier- und Pflanzenteile oder auch Symbole und Amulette finden. Die Händlerinnen beraten gern. Sie stellen kleine Paletten mit den benötigten Zutaten zusammen, die dann in einer Zeremonie als Götteropfer verbrannt werden müssen.

Gleich unterhalb des Hexenmarktes liegt eine Einkaufsstraße, die die Einheimischen *Gringo Alley* nennen. In hundert kleinen Läden gibt es folkloristische Souvenirs, vor allem farbenfrohe Teppiche, Läufer, Taschen, Pullover und Tischdecken – Kunst und Kitsch. Eben alles, bloß kein Wechselgeld. Einige Male muss ich den Stand oder den Laden einer Händlerin bewachen, während sie mit meinem Geldschein verschwindet und in der Nachbarschaft nach Wechselgeld fahndet. Die erworbenen Schätze schicke ich per Postpaket nach Hause. Denke ich so bei mir.

Elf

Drei Kilo, zwei Stunden: Hauptpostamt La Paz

Eigentlich hatte ich für den Vormittag noch diverse Pläne. Aber es kommt anders. Ein paar Leute wollen Pakete in ihre jeweiligen Heimatländer schicken. Also auf zum Hauptpostamt. Anstellen. Warten.

„International? Mehr als zwei Kilo? Im Untergeschoss."

Anstellen. Warten.

„Was wollen Sie hier mit dem Paket? Die internationale Post ist im ersten Stock."

„Aber die sagen …"

Untergeschoss. Eindeutig.

Anstellen …

„Füllen Sie diese Formulare aus." Zwei dicke, mehrseitige Sätze mit Durchschlägen. Kein Problem. Wozu habe ich mein Wörterbuch mitgebracht? Die Blätter sind mit Stecknadeln zusammengeheftet.

„Pakete dort drin zunähen lassen."

„Aber meins ist schon zu."

Die Dame ist wütend. Wie kann ich es wagen, mit einem fertig gepackten Paket auf dem Postamt zu erscheinen? Mit einem, das niemand mehr für ein paar Bolivianos zunähen muss?

Sie zerreißt meine Formulare.

Vielleicht mag sie auch nur keine Frauen. Ein paar Jungs aus unserer Gruppe zieht sie jedenfalls verschwörerisch beiseite und schreibt ihnen auf die Hand, wie viel Porto sie im höchsten Fall für ihr Paket bezahlen sollen.

Jetzt brauche ich neue Formulare. Anstellen. Warten. Der Herr ist ungehalten. „Ich habe Ihnen doch gerade erst alle Formulare gegeben."

„Ja, aber die Frau dort …"

Also schön. Erneut mache ich Kreuze, Häkchen, schreibe Zahlen in Kästchen.

Anstellen. Warten.

„Gut. Und die zwei Kopien?"

„Welche zwei Kopien?"

„Die von Ihrem Reisepass."

„Wozu brauche ich die?"

„Eine muss in das Paket, eine bekomme ich."

„Hier ist mein Pass. Kopieren Sie ihn bitte."

„Machen wir hier nicht."

Tief durchatmen. „Okay. Wo kann ich meinen Pass kopieren?"

„Gegenüber, auf der anderen Straßenseite. In dem Schreibwarenladen."

Zwei Mitreisende ziehen mit allen Pässen los und lassen die Kopien anfertigen. Das dauert eine Weile. Ein Kaffeeautomat im Hauptpostamt – das wäre mal eine Idee.

Paket, Kopien, ausgefüllte Formulare. Anstellen. Warten.

„Legen Sie das Paket auf die Waage da. Drei Kilo? Die hätten Sie auch im ersten Stock verschicken können. Die Formulare."

„Hier bitte."

Der Herr reicht mir einen Filzstift. „Schreiben Sie oben hin: Nicht nach Bolivien zurückschicken."

Mache ich gern. Das Zeug soll auf keinen Fall hierher zurück. Es soll nach Deutschland. Gleich wird er mich fragen, ob ich eine Kopie meines Reisepasses in das Paket gepackt habe, und ich werde lügen.

Er fragt mich nicht. Er will auch keine Kopie für seine Unterlagen haben. Die wollte er nur von dem Kunden vor mir und wird sie auch von der Kundin hinter mir verlangen. Ich bezahle das Porto, das Paket wird entgegengenommen. Nach zwei Stunden verlasse ich das Hauptpostamt. Mit meinem Reisepass und zwei Kopien.

Weil es grade mal nicht regnet, schaue ich mir noch einmal die Plaza Pedro Domingo Murillo an. Hier stehen das Parlamentsgebäude und der Präsidentenpalast, vor dem seit dem Amtsantritt von Evo Morales auch die Regenbogenfahne der indigenen Völker weht. Die schwerbewaffneten Polizisten, die die Plaza bewachen, sehen mit ihren Kunststoffpanzerungen an Armen und Beinen aus wie Zwölfjährige in Ninja-Kampfschildkröten-Verkleidung. Im Augenblick ist auf der Plaza alles friedlich. Kinder füttern Tauben, Menschen plaudern auf den Bänken oder träumen vor sich hin. Aber falls es aufrührerische Proteste gibt – und die sind in La Paz ziemlich häufig – finden sie hier statt. In den vergangenen Jahren war oft unklar, auf wessen Seite Polizei und Armee standen, ob sie die Aufrührer oder die jeweilige Regierung bekämpften. Oder einander gegenseitig. Seit der aktuelle Präsident im Amt ist, soll es ruhiger sein. Doch schon wenige Tage nach unserer Abreise geht es im Stadtkern wieder heiß her. Das erfahre ich per e-Mail aus Deutschland.

Die Schuhputzer, die auf der Plaza nach Kundschaft suchen, tragen Skimasken mit schmalen Augenschlitzen und sehen aus wie Bankräuber. Angeblich vermummen sie sich, weil diese niedere Arbeit als Schande für ihre Familien gilt. Besonders Vertrauen erweckend wirkt dieses Outfit nicht. Maskierte Schuhputzer und gepanzerte Polizisten im Zentrum – La Paz ist alles andere als eine gewöhnliche Stadt.

Für einen fast mystischen Abschluss unseres Aufenthaltes sorgt am Abend der Illimani, der über 6400 Meter hohe Hausberg von La Paz. Nachdem er sich tagelang in Wolken gehüllt hat, steht er plötzlich majestätisch in der klaren Abendluft. Die sinkende Sonne lässt seine verschneiten Hänge orangerot aufglühen. Dann kommt die Nacht.

Zwölf

Potosi und der höchstgelegene Weihnachtsmarkt der Welt

Zehn Stunden brauchen wir mit unserem Truck von La Paz nach Potosi. Je weiter wir uns von La Paz entfernen, desto schöner wird die Halbwüstenlandschaft. Bald erinnert sie mit ihren roten Sandsteincanyons an die Kulisse eines Italowesterns. Man möchte schwelgen. Doch immer wieder holen uns bettelnde Kinder am Wegrand in die harte Realität zurück.

Potosi bricht aus allen Nähten. Im 17. Jahrhundert war die höchstgelegene Großstadt der Welt – knapp 4100 Meter über N.N. – mit damals etwa 160 000 Einwohnern in jenen Tagen größer als Rom oder Paris. Etliche wechselvolle Jahrhunderte später leben heute wieder etwa 160 000 Menschen hier, doch die drangvolle Enge gerade jetzt hat einen besonderen Grund: Bald ist Weihnachten. Die Bewohner des Umlands strömen in die Stadt, kaufen ein und besuchen den Weihnachtsmarkt. Dort gibt es mit Plastikschnee besprühte Kunststofftannen und pinkfarbene Plastik-Jesuleins in allen Größen. Außerdem darf bei keiner Krippe ein überdimensionales Weihnachtshuhn fehlen, und auch das Weihnachtslama ist eine obligatorische Einrichtung. Maria trägt häufig einen Poncho, dazu die traditionelle melonenartige Kopfbedeckung der hiesigen Frauen. Was es mit Huhn und Lama auf sich hat, kann uns leider niemand erklären.

Ihre Größe und ihren längst vergangenen Reichtum verdankt die Stadt dem Cerro Rico, dem Bergkegel, der sie um knapp 800 Meter überragt. Dort wurde früher vor allem Silber und später Zinn abgebaut. Unter unmenschlichsten Bedingungen.

Potosi ist voller wunderschöner Kirchen aus der Gründerzeit der Stadt – manche gut erhalten, manche kurz vor dem Einsturz. Dasselbe gilt für herrschaftliche Kolonialgebäude und Paläste. Doch die meisten Touristen wollen etwas anderes sehen: nämlich wie auch heute noch im Cerro Rico Reste von Silber und Zinn aus dem Fels geholt werden. Von Bergleute-Kooperativen. Und genau wie früher unter unmenschlichsten Bedingungen.

Noch immer kommt angeblich Quecksilber zum Einsatz, gesprengt wird ohne Sicherheitsvorkehrungen.

Wir erfahren, dass viele Bergleute mit Mitte Vierzig an einer Staublunge sterben. Die meisten haben schon als Teenager in einer der 17 Schachtsohlen angefangen, in denen – je nach Tiefe – Temperaturen bis zu 35 Grad herrschen können.

Viele von uns verzichten auf den Besuch der Stollen. Wir kommen nur bis zu dem kleinen

Markt, auf dem die Besucher Geschenke für die Bergleute kaufen sollen: Kokablätter, Schnaps, Zigaretten, Batterien für die Grubenlampen und – Sprengstoff.

„Habe ich heute Morgen selbst gemischt", sagt die freundliche Verkäuferin am Stand. Wenn das Zeug von Bergleuten, die sich mit Schnaps und Kokablättern auf den Beinen halten, entzündet wird, will ich lieber nicht mit im Stollenlabyrinth sein.

Mit Helmen und Grubenlampen ausgestattet, verschwinden einige Mitreisende mit ihrem Führer in einem dunklen Loch. Mir reicht schon ein Blick auf die wenig Vertrauen erweckenden Stützbalken.

Später hören wir, dass vor allem Simon, der Zweimetermann, ein sehr willkommener Besucher war. Einige Bergleute stiegen zum Hämmern, Bohren und Anbringen von Sprengsätzen auf seine Schultern oder wollten, dass er auf ihre steigt. Offenbar gibt es nicht nur sehr niedrige Stollen, sondern auch ein paar Stellen mit beträchtlicher Höhe. Gesprengt wurde dann direkt neben der Besuchergruppe.

In der Stadt ist die Stimmung seltsam. Zum ersten Mal begegnen uns einzelne Menschen mit einer gewissen Feindseligkeit. Vor einem Engländer wird ausgespuckt und ich mache einmal mehr die Erfahrung, dass die Menschen mir mit viel Freundlichkeit begegnen, wenn ich allein durch die steilen Straßen gehe. Touristengruppen werden hingegen oft misstrauisch oder abschätzig beäugt.

Am Nachmittag genießen wir ein Bad in der Laguna Tarapaya, einem kreisrunden Vulkankrater, der sich mit Thermalwasser gefüllt hat. Schon die Inkas schätzten die wohltuende und heilende Wirkung des warmen Wassers und des Schlamms.

Zurück in der Stadt haben wir beim Abendessen die Wahl. Wollen wir die höchstgelegene Pizza, das höchstgelegene Hühnchen mit Reis oder doch lieber den höchstgelegenen Apfelstrudel essen? Das Bier kommt in Einliterflaschen. Manchmal dauert es mit dem Nachschub ein bisschen und mitunter wechselt die Marke. Bald entdecken wir den Grund: Wird eine neue Runde bestellt, verlässt ein Junge mit einer Tasche das Lokal. Das Bier wird nach Bedarf in den kleinen Geschäften in der Nachbarschaft gekauft.

Dreizehn

Weiße Weihnacht in Uyuni

Ankunft im fast surrealen Uyuni, einer Stadt, in der man jeden Augenblick Charles Bronson erwartet und einen verdorrten Busch, der vom Wüstenwind durch die Straßen getrieben wird. Es gibt aber nur – wie immer – jede Menge streunende Hunde und viele martialisch aussehende männliche Teenager, die durch die Straßen streifen, als wären sie zu einem Shootout unterwegs. Das mag daran liegen, dass sich hier ein Armeestützpunkt befindet – gleich neben unserem Hotel. In jedem Zimmer hängt ein Schild: Wenn morgens die bolivianische Nationalhymne gespielt wird: Stehen bleiben, Mütze abnehmen und keine Fotos. Sonst drohen größere Unannehmlichkeiten. Lieber nicht.

Die Anfahrt nach Uyuni, knapp 3700 Meter hoch gelegen, führt über unbefestigte Straßen und Fahrspuren quer durch eine weite Hochwüstenlandschaft. Viele Schlaglöcher. Wellblechpiste. Hugo fährt wie ein Gott und der Truck zeigt sich von seiner besten Seite. Hier ist er mehr zuhause als auf geteerten Straßen. Erstaunlich viel Gegenverkehr gibt es hier draußen. Viel Gehupe, viel Staub. Die Landschaft erinnert an den Süden von Texas, an New Mexico oder Utah. Ganz meine Welt. Leider wird die Wüste hier häufig als wilde Müllkippe missbraucht. Ohne Plastiktütengirlanden würden die Kakteen eindeutig besser aussehen. Wenn es mit dem Tourismus in Bolivien wirklich aufwärts gehen soll, muss auch an dieser Stelle noch was getan werden. An vielen Stellen.
Wir sehen Guanakos, die Wildform der Lamas, Vicunas, die Wildform der Alpakas, und Rheas oder Nandus, große Laufvögel. Die Lamas haben gerade süße Fohlen, denn dank der Regenzeit sprießt in der Wüste in den Wochen um Weihnachten ein bisschen frisches Grün.
Als wir von einer Bergflanke aus zum ersten Mal einen Blick auf Uyuni unten am Rand der Salzwüste werfen können, wollen wir nicht glauben, dass es hier mitten im Nirgendwo tatsächlich eine Stadt mit 12 000 Einwohnern gibt. „Gottverlassen" ist das Wort, das sich bei ihrem Anblick aufdrängt. Und wir sollen hier das Weihnachtsfest verbringen. Dabei gibt es weit und breit scheinbar nichts, was das Auge erfreuen, den Blick auf sich lenken könnte. Kein Grün, keine spektakulären Felsformationen, kein Bergkegel. Kann ein Kind aus Uyuni einen Baum malen?, fragen wir uns.
Gegründet wurde diese Stadt aus strategischen Gründen. Die Grenzen zu Chile, Argentinien und Paraguay sind nahe.

Touristen kommen vor allem wegen der *Salar de Uyuni*, der größten Salzfläche der Welt hierher. Von zwölftausend Quadratkilometern ist die Rede und von Salzschichten, die bis zu sieben Meter dick sein können.

Salar de Uyuni: Salzwüste in Bolivien

Am 24. Dezember unternehmen wir eine Jeeptour auf die blendend weiße Fläche hinaus. Den Truck lassen wir stehen. Er ist zu schwer und könnte nur ganz bestimmte Teile der Salzfläche befahren. An manchen Stellen sind schon Trucks eingebrochen und konnten erst nach Wochen geborgen werden. Muss nicht sein.

Zunächst geht es hinaus zum Eisenbahnfriedhof in der Einöde. Der Wind jagt Plastik-fetzen vor sich her. Rostende Lokomotiven stehen mitten in der Landschaft und fahren nirgendwo mehr hin. Vögel haben ihre Nester in den alten Eisenkolossen gebaut. Streu-nende Hunde umkreisen diesen geisterhaften Schrottplatz. Schienenstränge enden nach ein paar Schritten im Nichts.

Als nächstes sehen wir uns die Salzproduktion bei Colchani an. Das Salz wird zu kleinen

Hügeln zusammengeschoben, in die Mühle transportiert, gemahlen und abgepackt. Aber auch als Baumaterial dient es. Viele Häuser in der Umgebung bestehen aus glasharten Salzziegeln, die mit Salzmörtel zusammengefügt sind.

Für Heiterkeit sorgt ein Lama. Einer unserer Mitreisenden will es unbedingt streicheln und treibt es in die Enge. Es kommt, was kommen muss. Den Angespuckten bemitleidet niemand. Wir hoffen nur, er hat ein T-Shirt zum Wechseln dabei.

Dann geht es endgültig hinaus auf die weiße Kruste. Wie Schnee knirscht das Salz unter den Reifen der Jeeps. Das Auge kann sich nirgends festhalten. Distanzen werden beliebig. Dieses Phänomen nutzen wir für Fotoaufnahmen. Indem wir uns gestaffelt in die Landschaft stellen und die Kameras entsprechend ausrichten, entstehen mit ein paar Requisiten ungewöhnliche Bilder. Ich bin in einem Wasserglas gefangen, Becky wird von einem Plastikflamingo gejagt, der in Wirklichkeit nur 20 Zentimeter hoch ist, auf dem Bild aber monströs wirkt. Der Albernheit und der Fantasie sind keine Grenzen gesetzt.

Irgendwann ist genug gespielt. Wir fahren weiter nach Incahuasi, der Insel mitten im weißen Salz-Meer. Dort steht ein ganzer Wald von gigantischen Säulenkakteen, von denen viele gerade zarte weiße Blüten tragen. Vom höchsten Punkt der Insel aus sieht man nicht nur die gigantische Salzfläche, sondern auch die Gebirgszüge, die sie säumen. Die dunklen Linien, die sich hier und da über die schneeweiße Ebene ziehen, stammen vom Reifenabrieb und vom Dreck, den Fahrzeuge auf diesen bevorzugt befahrenen Strecken hinterlassen. Zwischen den Kakteen auf der Hügelspitze befindet sich ein kleiner Opferaltar für Pachamama. Münzen, Kokablätter, Tabak und andere Gaben werden dort abgelegt.

Wer die Insel an ihrem Fuß auf dem Salz umwandert, kann *ojos* entdecken, die sogenannten Augen des Salzes. Hier blubbert Wasser aus unterirdischen Wasserläufen an die Oberfläche, hier ist die Salzkruste besonders dünn. Ab und zu stößt man auf kleine, gepökelte Tiermumien. Oft vergisst man, dass der Untergrund aus Salz besteht, und glaubt, über eine zugefrorene Meeresbucht zu wandern.

Auf der Rückfahrt halten unsere Fahrer an Stellen, wo die geäderte Salzkruste kaum die Fahrzeuge trägt. Hier haben sich die Salzkristalle zu einem Muster säuberlicher Fünfecke mit aufgeworfenen Kanten gefügt. An den Ecken lässt sich die dünne Salzdecke mit der Faust oder Ferse durchbrechen. Dann kann man mit der Hand in die kalte Sole darunter eintauchen und nach Salzkristallen fischen. Seltsames Gefühl, so blind in die kalte, nasse Dunkelheit zu greifen – auch wenn wir fast sicher sind, dass dort nichts lebt oder lauert. Die Kristalle, die wir zutage fördern, sind durchsichtig, weiß oder rosarot, filigran oder kompakt.

Unsere Fahrer sind mittlerweile vom stundenlangen Kokablätterkauen so benebelt, dass aus ihnen kaum noch ein vernünftiger Hinweis herauszubekommen ist. Fragen werden gar nicht, vage oder falsch beantwortet. Für die verbliebenen Kilometer bis zu zwei leider geschlossenen Salzhotels, wo wir den Sonnenuntergang beobachten wollen, setzt sich lieber einer von uns ans Steuer.

Die letzten Sonnenstrahlen tauchen die Salzfläche in orangerotes und pinkfarbenes Licht. Die Salzausblühungen unter unseren Füßen werfen lange Schatten.

Jemand stimmt ein Lied an: „*I'm dreaming of a White Christmas ...*" Es ist Heiligabend.

Vierzehn

Die Kinder von Uyuni

Am Morgen des 25. Dezember machen wir einen Besuch im örtlichen Waisenhaus. Die Besitzer des Hotels, in dem wir abgestiegen sind, haben eine Patenschaft für diese Hilfseinrichtung übernommen und möchten von nun an immer wieder Reisegruppen für Besuche, Hilfsaktionen und gemeinsame Feste bei und mit den Kindern gewinnen. Wir sind auf schlimme Zustände gefasst aber nicht auf das, was wir schließlich zu sehen bekommen. Zunächst werden wir in einen festlich geschmückten großen Raum geführt. Die meisten Kinder sitzen schon erwartungsvoll auf Bänken, haben ihre schönsten Kleider angezogen und sind ganz aufgeregt. Viele der älteren Jungen und Mädchen fehlen. Sie verbringen Weihnachten bei Verwandten. Jeder von uns Besuchern hat schon vor Tagen den Namen eines Kindes und dessen Alter erfahren und sollte ein passendes Weihnachtsgeschenk besorgen. Die Heimleiterin hält eine Rede, wir sagen ein paar Worte. Dann wird jeder Junge und jedes Mädchen einzeln aufgerufen. Simon und Andrew, unsere Weihnachtsmänner, unterhalten sich mit dem Kind und überreichen das Geschenk. Manche Kids wollen umarmt und geküsst werden, andere nicht. Besonders stolz sind sie über den Applaus, den sie bekommen. Fast überall Begeisterung beim Auspacken. Und natürlich Neugier: Was hat mein Bruder, was hat meine Freundin gekriegt? Ein kleines Mädchen in einem rosa Prinzessinnenkleid hält ihren nagelneuen Plüschhasen im Arm und strahlt, wie ich noch nie ein Kind strahlen sehen habe.
Ihre Freundin ist sauer. Was soll sie mit der doofen Puppe? Sie wollte einen Fußball!
Bis jetzt war alles schön, festlich, ein bisschen rührend aber auch lustig. Dann folgt der Rundgang durchs Heim. Wir sind gelinde gesagt schockiert. In vielen Fenstern fehlt das Glas, dabei wird es hier in der Hochwüste vor allem nachts eiskalt. Es gibt Bettgestelle ohne Matratzen. Die Klos sind zwar sauber, stinken aber trotzdem erbärmlich. In der Küche gibt es fast keine Ausstattung. Vorräte existieren nicht.
Hier muss etwas geschehen, und zwar gleich. Zwei Mitreisende rufen spontan eine kleine Stiftung ins Leben, damit wenigstens wieder Glas in die Fenster kommt und ein paar Bettdecken gekauft werden können. Verwaltet wird das Geld von dem US-amerikanisch/bolivianischen Hotelbesitzerehepaar. Die beiden sollen auch die Verwendung überwachen. Schnell kommt eine Summe zusammen, mit der sich in Bolivien einiges bewegen lässt. Die einzigen Orte, an denen die Kinder und wir miteinander spielen können, ohne dass wir gleich in eine kollektive Depression verfallen, sind der Innenhof und der geschmückte

Raum im Eingangsbereich. Irgendwann hat jemand die geniale Idee, die Kids zu einer Rundfahrt mit dem Truck einzuladen. Mit viel Gehupe werden sie durch die staubigen Straßen der Stadt kutschiert, winken den staunenden Passanten zu und sind ganz einfach nur stolz und glücklich über so viel Aufmerksamkeit. Am Ende unseres Besuches sehe ich ein strahlendes kleines Mädchen. Sie hat es geschafft. Stundenlang hat sie mit anderen Kindern getauscht. Die Puppe ist sie los. Jetzt hält sie glücklich einen Fußball im Arm.

Nach dem Heimbesuch brauche ich eine Auszeit. Ich will ein bisschen allein sein und nachdenken.

Wohin? Die örtliche Kathedrale bietet sich an. Der Gottesdienst endet gerade. Festlich gekleidete Menschen strömen ins Freie. Der Zeitpunkt ist günstig. Ich habe die große wenn auch ziemlich schmucklose Kirche für mich. Genau wie ich es wollte. Eine Weile genieße ich die Stille und ein bisschen wundere ich mich, dass außer mir wirklich gar niemand da ist. Kein Kommen und Gehen. Keine alten Frauen, die andächtig knien. Keine Kinder, die lärmend herein laufen.

Die Erklärung findet sich, als ich wieder hinaus möchte: Die Kirche ist abgeschlossen und verriegelt. Ich sitze fest. Und keiner weiß, wo ich bin. Mit etwas Glück findet heute noch mal ein Gottesdienst statt. Immerhin ist Weihnachten. Womöglich ist aber auch erst morgen wieder Messe. Oder nächste Woche.

Ich teste sämtliche Türen. Schwere Riegel, gewaltige Vorhängeschlösser. Manche Türen sind sogar zugeschraubt. Draußen vor dem Haupteingang sitzen Menschen auf den Stufen. Ich kann sie hören und durch einen Riss im Holz auch sehen. Schließlich wummere ich an die Tür. Die Leute lauschen überrascht.

„Ich will raus!", rufe ich. Zumindest glaube ich das. Wirklich gut ist mein Spanisch noch immer nicht.

Die Antwort: „Geht nicht! Die Kirche ist abgeschlossen!"

Schön, das wäre also geklärt. Die Leute zucken mit den Achseln und schlendern davon.

Herzklopfen. Ich schaue mir die Türen noch einmal genauer an. An der Seite ist eine mit schweren Querbalken gesichert und verriegelt. Vorhängeschlösser sehe ich nicht. Ob ich die riesigen Riegel wohl bewegen kann? Ich kann. Mit einiger Anstrengung.

Unter den Augen einiger erstaunter Passanten verlasse ich ein bisschen atemlos das Gotteshaus, das nun allerdings offen dasteht. Vielleicht kann ich vom Hotel aus den Pfarrer anrufen und Bescheid sagen.

Daraus wird leider nichts. In Uyuni sind heute mal wieder alle Telefonleitungen tot.

Nach dem Weihnachtsessen im Hotel gehe ich mit Emily aus England noch mal auf den zentralen Platz. Hier ist die Stadt lebendig, nicht deprimierend. Es gibt eine Grünanlage mit Bäumen, den einzigen im Umkreis von einigen hundert Kilometern. Fast alle Geschäfte und Marktstände sind heute, am ersten Weihnachtsfeiertag geöffnet und vor der Kathedrale hat sich eine lange Menschenschlange gebildet: Kinder können sich eine Tasse Kakao, ein Stück Kuchen und ein Plastikauto oder eine Puppe abholen. Stundenlanges Warten für ein billiges kleines Geschenk … Für die meisten Kinder wohl das einzige heute. Der Vorplatz der Kirche wird von dem Lautsprecher, der vorher noch in der Kirche stand, ohrenbetäubend beschallt. Für südamerikanische Ohren klingt Musik offenbar erst richtig gut, wenn die Boxen blechern nachhallen. Aber ich bin froh, dass der Lautsprecher nicht durch die offene Seitentür davongetragen wurde. Wer so arm ist, wie die meisten Menschen hier, kann es sich manchmal nicht leisten, gesetzestreu zu sein.

Emily und ich sitzen mitten im Treiben auf dem Platz, wo sich sonntagsfeine Familien einfinden. Die Kinder spielen mit ihrem Geschenk, manche bekommen ein Eis. Meist werden Emily und ich kaum beachtet, manchmal verwundert angegrinst. Hin und wieder setzt sich ein Kind zu uns und fasst uns neugierig und ein bisschen schüchtern an der Hand. Langsam kommt ein fast weihnachtliches Gefühl in uns auf. Jetzt fühlen wir uns ein bisschen zuhause an dem Ort, den wir vor ein paar Stunden noch für gottverlassen gehalten haben.

Fünfzehn

Durch die Wüste

Der zweite Weihnachtsfeiertag beginnt mit der Nationalhymne. Wir springen aus den Betten. Unten auf der Straße halten die Autos, die Fahrer steigen aus, Radfahrer steigen ab und alle stehen stramm. Blechern scheppert die Hymne durch die Straßen, die bereits im gleißenden Licht der Wüstensonne liegen.

Und noch etwas steht ganz reglos: Unser Truck. Die Batterie ist leer. Offenbar wurde an Bord letzte Nacht eine Party gefeiert, die Musikanlage hat zu viel Strom gezapft.

Schieben ist angesagt, denn heute wollen wir durch die Hochwüste fahren.

Nichts geht. Das Monster bewegt sich keinen Millimeter. Eine schmächtige alte Frau mit Einkaufstasche bleibt kopfschüttelnd stehen. So wird das nichts. Moment.

Zielstrebig marschiert sie in das Militärlager nebenan und erklärt dem Wachhabenden im Befehlston, was zu tun sei. Wenige Minuten später sind wir von Jungs in Uniform umzingelt. Sie sehen aus wie Vierzehnjährige in viel zu großen grünen Schlafanzügen, aber sie legen sich mächtig ins Zeug.

Die kleine alte Frau kommandiert und schiebt auch selbst mit einer Hand mit. Ergebnislos. Am Ende hilft nur Anschleppen mit einem Jeep, dessen Reifen bei der Aktion sehr leiden.

Für die Fahrt durch die Hochwüste nach Chile brauchen wir einen ortskundigen Führer, denn dort draußen verlieren sich die staubigen oder steinigen Fahrspuren im Nirgendwo, kreuzen sich, laufen wieder auseinander …

Am ersten Tag geht es über wunderschöne weite Ebenen mit Wasserläufen und Lamaherden, dann durch vorwiegend felsiges Gelände bis zu einem Dorf namens Villa Mar. Unterwegs halten wir im *Valle de las Rocas* und bestaunen die Felsformationen. Wir sehen gigantische Maultierohren aus Stein, spähen durch Felsenbögen und entdecken allerhand zu Fels erstarrte Fabelwesen.

Auch hier turnen wieder Viscachas, die flinken Hasenmäuse, durchs Gelände. Wie Kängurus hopsen sie von einem Felsvorsprung zum anderen.

Die Herberge in Villa Mar ist mehr als schlicht, aber auf dieser Höhe immer noch gemütlicher als ein Zelt und eine Freiluftküche. Eine frisch geschlachtete Ziege hängt vor dem Haus. Auf einer Felsnase hinter den Gebäuden klemmt ein Flugzeugwrack. Die Kinder freuen sich über uns Gäste und spielen mit dem Zweimetermann aus Wales Fußball. Außerdem teilen wir unsere Wassermelone mit ihnen. Sie sind entzückt.

Landschaftlich absolut großartig ist die Fahrt am nächsten Tag. Es gibt nichts Schöneres als die Wüste kurz nach Sonnenaufgang. Oder vielleicht doch: Eine Wüste auf 4000 Metern. Die Luft so klar, der Himmel so weit … Ich würde am liebsten alle paar Meter anhalten, fotografieren und ein Stück zu Fuß gehen. Hier zeigt sich deutlich ein großer Nachteil von Gruppenreisen. Die meisten Mitfahrer sehen nur Einöde und sind nicht besonders begeistert.

Ganz anders ein Japaner, der wie eine Fata Morgana aus dem Nichts auftaucht. Mit dem Fahrrad ist er mutterseelenallein von Quito in Ecuador bis Santiago in Chile unterwegs. Wir würden ihn gern ein Stück mitnehmen, doch er lehnt entrückt lächelnd ab. Unser ortskundiger Führer macht sich Sorgen um den jungen Mann. Die Sonne, der Wind! Hat er genügend Wasser? Der Führer lässt es sich nicht nehmen, dem radelnden Japaner wenigstens noch eine Karte zu zeichnen, mit der er bis zur nächsten befestigten Straße in Chile kommt.

Wir fahren weiter, wollen zur fast 4300 Meter hoch gelegenen *Laguna Colorada*. Doch mitten in der Einsamkeit stoßen wir auf ein verschlossenes Tor und einen griesgrämigen Mann, der uns nicht durchlassen will. Nach Uyuni sollen wir zurückfahren und von dort aus einen anderen Weg nehmen. Für wen er die Durchfahrt bewacht, bleibt unklar. Wir nehmen an, er arbeitet für eine Mienengesellschaft, die in der Nähe Schürfrechte hat. Hugo und unser Führer versuchen, mit dem Wächter zu reden. Er zeigt sich unzugänglich, dann verlangt er plötzlich Schokolade. Schokolade ist leider gerade Mangelware. Wir bringen seiner Frau, die in der Nähe auf der Erde sitzt und webt, Brot. Simon aus Wales opfert seine Kokablätter und gibt sie dem Mann. Aber noch immer kommt keine Bewegung in die Verhandlungen. Da endlich holpert von der anderen Seite ein Jeep heran, dessen Fahrer der sture Torwächter anscheinend kennt. Für ihn öffnet er die Durchfahrt sofort. Wir nutzen den günstigen Augenblick. Hugo steuert den Truck in die schmale Lücke. Nun hat der Wächter keine Wahl. Er muss das Tor vollends aufreißen, sonst drückt der Truck es aus den Angeln. Unser Führer schimpft. Dass einer Touristengruppe die Durchfahrt verwehrt wird, sei nicht normal, sagt er. Anscheinend wolle hier jemand nebenher ein paar Bolivianos verdienen.

Das Tor führt in eine andere Welt. Ab jetzt jagt ein landschaftliches Highlight das nächste. Nach ein paar kleineren brackigen Lagunen erreichen wir die *Laguna Colorada*. Sie macht ihrem Namen alle Ehre. Mineralien färben das Wasser des flachen Sees rötlich, es gibt grüne Algen und weiße Boraxinseln, dazu der blaue Himmel und das Braun und Gelb der Bergkegel ringsum – überwältigend. Tausende pinkfarbene Andenflamingos staksen auf der Suche nach Fressbarem durchs seichte Nass, in dem sich Himmel und

Berge spiegeln. In der Luft hängt ein schwefeliger Geruch. Wir wandern am kiesigen Ufer der Lagune entlang, und ich würde am liebsten sofort mein Zelt aufschlagen und einfach zusehen, wie die Farben sich im Lauf des Tages verändern. Aber das ist leider nicht geplant. Die meisten finden die Landschaft zwar recht ungewöhnlich, verlieren nach ein paar Fotoaufnahmen aber schnell das Interesse.

Hin und wieder gehe ich ein paar Kilometer vor dem Truck her, der sich mühsam über die steinige Piste quält. Ist man allein und zu Fuß unterwegs, wirkt diese Landschaft noch viel grandioser.

Die Fahrt geht weiter zum noch etwas höher gelegenen **Sol de Manana** Geysirfeld. Hier köchelt, blubbert, qualmt und dampft es. Graue Schlammblasen platzen in den Trichtern vor unseren Füßen. Gelbe Schwefelränder zeigen, wo Gas aus dem Erdboden austritt. Unser Führer erklärt lachend die bolivianischen Sicherheitsbestimmungen: Jeder entscheidet selbst, wie nahe er sich an die brodelnden Löcher im Boden heranwagt.

Viel zu schnell fahren wir weiter zu den **Termas de Chalviri**, gefassten Thermalquellen am Rand einer milchig schillernden Lagune. Doch der Badespaß ist kurz, denn von einer Minute zur anderen bauen sich drohende Wolken auf und ein Sturm bricht los. Heftig, beeindruckend aber zum Glück nur kurz. In Europa ist Winter, in Bolivien Sommer. Das bedeutet Niederschläge, und man nennt diese Jahreszeit hier im Gebirge den bolivianischen Winter. Verwirrend.

Seltsam geformte Felsblöcke am Wegrand zeigen, dass wir uns nun in der **Desierto de Dali**, in der Dali-Wüste befinden. Die Formationen erinnern tatsächlich an die Bilder des exzentrischen Künstlers.

Das letzte Highlight vor dem bolivianischen Grenzposten ist die **Laguna Verde**, ein Gebirgssee, der je nach Tageszeit in unterschiedlichen Grüntönen erstrahlt. Uns präsentiert er sich in Türkis mit weißen Wellenkämmen. Der eisige Wind reißt uns fast von den Füßen, macht Fotografieren schwierig und sorgt für einen nur kurzen Aufenthalt. Ich will bleiben und schauen. Oder wiederkommen.

An der bolivianischen Grenze verabschieden wir uns von unserem Führer, der zuversichtlich ist, dass er eine Mitfahrgelegenheit zurück nach Uyuni oder Villa Mar finden wird. Wir bedanken uns für die zuverlässige Navigation, die vielen geduldigen Erklärungen und die Mithilfe beim Abwasch. Außer dem vereinbarten Honorar bekommt er alle Lebensmittel, die wir in der nächsten Stunde nicht aufessen können, mit auf den Heimweg. Nach Chile darf nämlich rein gar nichts Essbares eingeführt werden.

Wieder mal stehen wir mit unseren Pässen in einer Reihe an. An einer Grenzstation mitten im Nirgends. Aber es gibt eine kleine Irritation: Wir sollen 15 Bolivianos, etwa 1,50 Euro bezahlen, damit wir ausreisen dürfen. Nur leider hat keiner mehr bolivianisches Geld. Verhandlungen. US-Dollar werden gern genommen.

Weiter geht es zur chilenischen Grenzstation. Die liegt 2000 Meter tiefer. Ziemlich wehmütig verabschiede ich mich von der spektakulären bolivianischen Hochwüste. Nach einer kurzen Holperstrecke erreichen wir die Straße, die an der Flanke des fast 6000 Meter hohen *Licancabur* Vulkans entlang hinunter nach San Pedro de Atacama in Chile führt. Die Straße ist geteert! Gurtzwang! Kulturschock!

Sechzehn

San Pedro de Atacama – Adobe in der Mondlandschaft

Spätabends wird vor der Einreise nach Chile schnell das restliche Obst vertilgt. Zoe und Hugo weisen nochmals darauf hin, wie wichtig es ist, bloß keine landwirtschaftlichen Produkte einzuführen. Alle nicken, aber nicht jeder versteht.

Zwei Sätze Formulare pro Passagier. Einreise- und Zollunterlagen. Die Chilenen sind gründlich und vielleicht sogar noch ein bisschen bürokratischer als die Peruaner und die Bolivianer.

Alle Grenzer sind freundlich und entspannt. Trotzdem wird der Truck komplett ausgeräumt. Jeder muss sein eigenes Gepäck abladen und damit zu Fuß zur Kontrolle. Die Rucksäcke werden nach Souvenirs aus Holz und nach tierischen und pflanzlichen Produkten durchsucht. Dann nehmen die Leute vom Zoll sich den Truck vor.

Stunden später.

Hugo ist stinksauer. Da hatte doch tatsächlich jemand Bananen hinter dem Sitz versteckt. Der Grenzwächter: wenig amüsiert. Hugo muss seinen ganzen Charme aufbieten, um uns rauszureden. Dann knöpft er sich den Bananenschmuggler unter seinen Passagieren vor.

Schließlich liegen alle Kontrollen hinter uns. Spätnachts stellen wir in San Pedro unsere Zelte auf. Nach Wochen auf über 3000 Metern wirkt die Luft auf 2400 Metern drückend, staubig und diesig.

San Pedro hat nur eine geteerte Durchgangsstraße, alle anderen Straßen und Gassen sind unbefestigt. Vorherrschender Baustil ist Adobe – man könnte auch von Lehmhäusern sprechen. Die Preise hier erinnern allerdings sehr an zuhause.

Die Menschen haben, anders als in Bolivien, zum größten Teil eher spanische Gesichtszüge. Man sieht Männer mit gegeltem langem Haar – in Bolivien nahezu undenkbar. Die Menschen kleiden sich sehr modisch und adrett.

Das Stadtzentrum von San Pedro ist hübsch und übersichtlich, hat nette, wenn auch teure Kneipen. Abends wird in den Innenhöfen gegen die Kühle der Wüstennacht ein Feuer entfacht. Dann findet sich auch die obligatorische Folkloreband ein, spielt Eigenkompositionen und erst ganz zum Schluss, als Zugabe, *El Condor Pasa*.

Wunderschön anzusehen ist die weiß getünchte Adobekirche, **Iglesia San Pedro**. Der Dachstuhl ist aus Kakteenholz gezimmert und mit Lederschnüren zusammengebunden. Genagelt wurde nichts.

Nachts heulen die Hunde der Stadt wie ein Wolfsrudel. Irgendwo beginnt ein Solist, dann stimmen die anderen in allen Ecken nach und nach mit ein.

Die knochentrockene Wüstenlandschaft der Umgebung erinnert an **Death Valley** in Kalifornien. Nur dass man hier zusätzlich 6000 Meter hohe Berge ohne Schneefelder, ohne Gletscher sehen kann. Die Atacama ist einer der trockensten Orte der Welt, für Schnee oder Gletscher fehlt schlicht der Niederschlag.
Eine Wüstentour im Sonnenuntergang sorgt mit ihrem Farbspiel für Sand in den Schuhen und feierliche Stimmung.
Die Nächte sind kühl. An die Wärme tagsüber müssen wir uns erst wieder gewöhnen. Genau wie an das Spanisch der Chilenen. In Bolivien hatten die meisten von uns das Gefühl, diese Sprache wenigstens ein klein wenig zu beherrschen. In Chile legt sich das sofort. Was immer hier gesprochen wird, hat rein gar nichts mit dem zu tun, was wir zuhause in der Volkshochschule gelernt haben.

Siebzehn

Möge die Macht mit euch sein: Sylvester in La Serena

Die Fahrt führt weiter, hinunter auf Meereshöhe. Jetzt sehen wir die Atacama durch die Scheiben des Trucks von der **Panamericana** aus. Entlang dieser Hauptverbindungsstrecke, die mit Unterbrechungen fast über die gesamte Länge der nord- und südamerikanischen Landmassen von Alaska nach Feuerland führt, wirkt die Wüste besonders feindselig. Öde Kiesflächen erstrecken sich bis an den Horizont. Nur hin und wieder liegen karamellfarbene Bergrücken wie schlafende Schildkröten in der weiten Ebene, gibt es Hügel in allen Farbschattierungen von Rot über Braun bis Ockergelb.

Die **Panamericana** ist für viele Reisende eine Traumstraße. Wir finden sie vor allem gefährlich. Durch die Atacama verläuft sie fast schnurgerade aber oft über unübersichtliche Kuppen. Gefahren wird mit sehr hohem Tempo, der Verkehr ist erstaunlich dicht und viele Überholmanöver wirken geradezu selbstmörderisch. Alle paarhundert Meter stehen Gedenkkreuze am Straßenrand. Immer wieder sieht man Sattelschlepper, die Unfallschrott abtransportieren.

Ein kleines Stück abseits der Straße steht südlich von Antofagasta ein Kunstwerk in der windgepeitschten Einöde – eine überdimensionale Hand. Titel: **Mano del Desierto** – Hand in der Wüste. Elf Meter ist sie hoch, und Mario Irarrazabal hat sie geschaffen. Uns gefällt sie.

Die Nacht verbringen wir am Pazifikstrand in der Nähe einer Hippiesiedlung. Romantisch. Wüste trifft Meer. Geier trifft Pelikan. Und als wir ein Feuer entfachen, steht nach kaum zwei Minuten ein Polizist auf einem Quad im Camp und verlangt dass wir es löschen. Kein Feuer am Strand. In Chile herrscht Ordnung.

La Serena, eine 120 000 Einwohner Stadt am Pazifik, ist nach so viel Natur ein echter Schock. Meine englischen Freunde wollen unbedingt Sylvester am Strand feiern und nicht in der Wüste. Den Strand gibt es hier. Und außerdem richtig englisches Wetter. Wir lernen den berühmten Seenebel kennen, für den der Pazifik berüchtigt ist.

Das Strandviertel von La Serena könnte zu jeder x-beliebigen, mit Betonburgen zugepflasterten Ferienstadt am Mittelmeer gehören. Was sollen wir hier?

Am vorletzten Tag des Jahres fahren wir noch einmal hoch in die Wüstenberge der Atacama. Dort oben gibt es 340 klare Nächte im Jahr und entsprechend viele Sternwarten. Die Begeisterung des jungen chilenischen Hobby-Astronomen, der uns führt, ist ansteckend. Er lässt uns durch ein gigantisches Teleskop in jeden einzelnen Mondkrater schauen, zeigt uns Nebel, aus denen Sterne entstehen und zu denen sie nach einer Supernova wieder verglühen. Auch den Gürtel des himmlischen Jägers Orion inspizieren wir genau. Zum feierlichen Abschluss stoßen wir mit *Pisco Sour* an, dem hochprozentigen Nationalgetränk, an das man sich gewöhnen könnte.

Sylvester in La Serena: Die Schottin Moragh braut Punsch und Sangria, die es in sich haben. Der Londoner Paul grillt Steaks (rare!) und Fisch, als wollte er die biblischen Fünftausend speisen, und gegen 23.00 Uhr ziehen wir an den Strand. Alles ist auf den Beinen, Jung und Alt treffen sich zu einem stilvollen Picknick mit Klapptischen, Tischdecken, mit echten Gläsern und gutem Essen. Alles sehr kultiviert. Auf einer Bühne Männer in weißen Glitzeranzügen. Gespielt werden schmalzige Salsaweisen, aber der Rhythmus stimmt. Wir Gringos sind lange Zeit die einzigen Tänzer und wundern uns über die steifen Südamerikaner. Hin und wieder gesellt sich jemand zu uns, bittet höflich, mittanzen zu dürfen und bedankt sich anschließend artig. Außerdem müssen wir mit der halben Stadt für Fotos posieren. „Seht her, Leute. Wir haben Sylvester mit unseren Gringofreunden gefeiert!" Wir lachen über den Rollentausch, weil sonst immer wir den Einheimischen mit Kameras zuleibe rücken.

Um 24.00 Uhr gibt es ein gigantisches Feuerwerk zu den Klängen der Starwars Melodie. Möge die Macht mit euch sein!

Und dann zeigen die nun gar nicht mehr steifen Südamerikaner plötzlich, was in ihnen steckt. Jetzt beginnt für sie die eigentliche Party. Die Kinder werden heim geschickt, von nun an tanzt man und trinkt mäßig viel Alkohol. Fast alle halten durch bis um 9.00 Uhr am nächsten Morgen. Ich gebe um 3.00 Uhr auf und gehe zurück zum Campingplatz. Immer noch alles sehr kultiviert. Keine Betrunkenen, nur fröhliche Leute, die winken und ein gutes Neues Jahr wünschen.

Vor meinem Zelt stoße ich auf ein überraschendes Problem. Zwei zottige Straßenköter bewachen es und wollen mich nicht hineinlassen. Erst als ich im Truck eine Isomatte finde, sie zusammenrolle und drohend über den Hunden schwinge, weichen sie zurück. Dafür liegen sie für den Rest der Nacht auf der Lauer, bewachen mein Zelt und bellen alles an, was sich ihm auf drei Meter nähert.

Am nächsten Morgen gehen sie mit mir einkaufen, warten artig vor dem Laden und freuen sich unbändig, als ich wieder herauskomme. Dabei habe ich sie weder gefüttert noch gestreichelt.

Heute scheint die Sonne, also auf zum Strand. Auch auf dem Weg dorthin werde ich die Hunde nicht los. Meine Mitreisenden lachen sich schlapp. Bewacht wird nun nämlich mein Badehandtuch. Nur ins Wasser wollen die Köter nicht mit mir, dabei hätten sie das bitter nötig. Nervös beobachten sie mich beim Schwimmen und kläffen die kleinen Schaumkronen an, die an den Strand treiben.

Am Morgen unserer Abfahrt hocken sie betrübt im Sand, wo vorher mein Zelt stand.

Achtzehn

Santiago – man spricht Deutsch

In Santiago herrschen sommerliche 27 Grad, die wir in vollen Zügen genießen. Auf dem Altiplano war es oft eisig und in Patagonien und Feuerland wird später ebenfalls wieder Thermo-Unterwäsche angesagt sein. Ein paar freundliche Tage sind also hochwillkommen.

Im Großraum Santiago leben etwa 5 000 000 Menschen. Die Stadt wirkt sehr europäisch. Auf der **Plaza de Armas** wird gerade der turmhohe künstliche Weihnachtsbaum abgebaut. Er stand neben turmhohen echten Palmen. Die meisten Sehenswürdigkeiten kann man von hier aus zu Fuß erreichen. Einen Blick von oben auf die smogverhangene Stadt bietet der Hausberg **San Cristobal**. Eine Standseilbahn führt hinauf. Messingplaketten an jedem Abteil erinnern an den Besuch von Papst Johannes Paul II und seine Fahrt mit der Bahn.

Viele schöne Parks gibt es in Santiago, und bei einigen muss man sich am Eingang in ein Register eintragen. Aus Sicherheitsgründen. Santiago arbeitet an seinem Ruf als sicheres Touristenmekka.

In der blitzblanken Innenstadt mit ihrer Mischung aus modernen und historischen Gebäuden herrscht Trubel. Und als Fußgänger sollte man nie den Fehler begehen, bei Fußgänger-Grün arglos die Straße zu überqueren. Die Autofahrer Santiagos sind nicht für ihren rücksichtsvollen Fahrstil bekannt.

„Hallo! Willst du was Schönes essen?" Im hippen überdachten **Mercado Central** sprechen mich die Kellner der Marktrestaurants und einige Händler sofort auf Deutsch an. Schon immer sind Deutsche nach Chile ausgewandert. Besonders viele waren es gegen Ende des Zweiten Weltkrieges. Angeblich verbrachte hier auch so manche Nazigröße einen geruhsamen Lebensabend. Der spürbaren Beliebtheit der Deutschen hat das offensichtlich keinen Abbruch getan. Auch die Firmenlogos deutscher Unternehmen stechen überall ins Auge. Santiago ist der wichtigste Finanzplatz Südamerikas. Sehr kosmopolitisch, sehr weltstädtisch, vielleicht ein bisschen zu adrett.

Im Szeneviertel **Bellavista** gönnen wir uns ein Abschiedsessen. Einige Mitreisende fliegen nach Hause oder ziehen auf eigene Faust weiter, neue Passagiere werden zusteigen. Von manchen Leuten fällt der Abschied schwer. Die gemeinsamen Erlebnisse verbinden, und wir kennen einander nach ein paar intensiven Wochen besser als manche unserer langjährigen Freunde zuhause.

Der Taxifahrer, der mich zum Hotel zurückbringt, hat keine Ahnung, wohin er fährt. Am Ende muss ich ihm den Weg weisen. Doch sobald ihm klar ist, dass er sich verfahren hat, schaltet er den Taxameter aus.

Die Weiterreise am nächsten Morgen verzögert sich ein wenig. Zwei der neuen Passagiere – sie stammen aus Texas – reisen mit je zwei gewaltigen Schrankkoffern und jeder Menge Handgepäck an. Das alles muss erst mal irgendwie und irgendwo verstaut werden. Der Rest der Gruppe sucht etwas ratlos nach der versteckten Kamera.
Deutlich beengter als zuvor reisen wir schließlich weiter.

Santiago ist von felsigen Hügeln umgeben. Die Sonne hat das Gras verbrannt. In den Tälern wird Obst angebaut, man kann es direkt an der Straße kaufen.
Wir fahren nach Süden in die weltberühmten Weinanbaugebiete und probieren auf einem riesigen Gut unterdurchschnittlichen Wein. Viele der großen Güter gehören inzwischen US-amerikanischen Syndikaten, die den gesamten Ertrag in die Staaten ausführen. Rebensaft für den Massenmarkt, der in den USA noch mit allerhand Zusatzstoffen geschmacklich verändert wird ... Selbst weniger verwöhnten Gelegenheitsweintrinkern aus dem Alten Europa sträubt sich das Nackenfell.
Aber auch die kleinen, feinen Familienbetriebe gibt es noch, mit wunderschönen historischen Wohnhäusern und Eichenfässern in den Kellern. Besichtigung nur nach Voranmeldung.

Neunzehn

Pucon – Feuer und Eis

Im malerischen chilenischen **Lake District** liegt Pucon am Ufer des **Lago Villarrica** und im Schatten des gleichnamigen Vulkans. Dessen perfekt geformter schneebedeckter Kegel ragt hoch über die üppig grüne Landschaft auf. Ständig steigt aus dem Krater Rauch in den Himmel. Mal eher senkrecht und mal fast waagerecht.

Unten in der Stadt gibt es eine Ampel. Zeigt sie Grün, ist der Vulkan friedlich. Bei Orange sollte man ihn aufmerksam beobachten. Bei Rot setzt man sich ins nächste Auto und sorgt für einen gehörigen Sicherheitsabstand. Der **Villarrica** gilt als aktivster unter den über 2000 Vulkanen Chiles.

Und wir besteigen ihn. Auf eigene Faust ist leider nichts zu machen. Man muss sich einer geführten Tour anschließen, und die ist vor allem eins: teuer! Am Vorabend gibt es eine Vorbesprechung. Route, Anforderungen und Ausrüstung werden erklärt. Ein Teil der Kundschaft springt daraufhin sofort wieder ab.

„**Blond and blue eyes**", sagt der Chef der Bergführer mit einem Blick auf mich, „**that's trouble**!" Damit meint er die Gefahr eines schweren Sonnenbrandes, denn der Aufstieg führt größtenteils über Schnee.

Am nächsten Morgen geht es los. Anfahrt mit Minibus, dann weiter per Sessellift. Wir sind nicht die einzigen, die auf den Berg wollen. Das Wetter ist hier ziemlich launisch, und wenn sich ein schöner Bergtag ankündigt, finden die Tourgruppen sich gleich zu Dutzenden ein. Anfangs läuft alles äußerst chaotisch. Unsere Führer stellen sich nicht lange vor, der Umgang mit dem Eispickel wird kurz erklärt aber nicht geübt. Steigeisen nehmen wir mit, aber der Schnee sei heute so weich, wir würden sie sicher nicht brauchen, heißt es. Dann marschieren wir los. Dreieinhalb Stunden dauert der Aufstieg über das Schneefeld. Wir fühlen uns wie auf einer Ameisenstraße. Vor uns, hinter uns – überall stapfen die Wandergruppen im Zick-Zack über den Hang. Doch die Sonne scheint, es ist fast windstill, der Schnee, der blaue Himmel, die Rauchfahne aus dem Krater – alles perfekt. Hin und wieder machen wir kurz Pause. Problem: Kein Platz zum Pinkeln. Die Jungs können sich verschämt zur Seite wenden. Mädels stehen mangels Deckung vor der Entscheidung: Sollen sie sich vor der eigenen Gruppe entblößen? Oder ein paar Meter zur Seite gehen, sich hinter einen vermeintlich schützenden Geröllhaufen hocken, die Hose runterlassen und dabei von den 200 fremden Wanderern gesehen werden, die sich bereits oberhalb der Stelle befinden? Die Schamgrenze sinkt notgedrungen in bislang ungekannte Tiefen.

Wirklich aktiv werden unsere Führer erst auf dem Gipfel: Sie lassen es sich nicht nehmen, sämtlichen Frauen mit Küssen zum erfolgreichen Aufstieg zu gratulieren.

Nur noch ein paar Schritte bis zum Kraterrand. Der Vulkan faucht und blubbert. Es riecht nach Schwefel. Ganz nach vorn wagen wir uns auf dem bröckeligen Untergrund und können hin und wieder sogar die rote Lava sehen, die aus dem tiefen Kessel an die Kraterwände geschleudert wird. Wir stehen wie gebannt und starren in die Tiefe. Zusammen mit etwa 500 weiteren Wanderern. Und alle sagen immer wieder dasselbe: „Wow!"

Dann kommt die Vorbereitung auf den Abstieg. Der soll nämlich vorwiegend auf dem Hintern erfolgen. Wir setzen Helme auf und ziehen Hosen mit Gummihosenböden über, die dann aber doch nicht ganz wasserdicht sind. Die Eispickel, auf die wir uns beim Aufstieg stützten, haben jetzt eine andere Funktion. Sie sind bei der Rutschpartie Steuer und Bremse. Offiziell ist Glyssading – flottes talwärts-Rutschen auf Schnee und Eis – hier seit Neuestem verboten. Zu gefährlich. Aber erstens liegt Chile in Südamerika, wo viele Verbote eher als Empfehlung betrachtet werden. Und zweitens haben unsere Führer nicht die geringste Lust, uns im Schneckentempo über tausend Höhenmeter ein Schneefeld hinunter zu geleiten.

Wir werden also nochmals in die Benutzung des Eispickels eingewiesen, aufgefordert, uns nicht selbst aufzuspießen und auch bitte nicht in einem Abgrund zu verschwinden. Und los geht's.

Beim ersten Rutschversuch sind wir noch ein bisschen nervös. Aber schon nach ein paar Metern macht die Sache ungeheuren Spaß. Wir merken, dass man mit dem Eispickel tatsächlich lenken und bremsen kann, und schon wird das Tempo immer rasanter. In vier oder fünf Etappen rutschen wir tausend Meter ab. Jippiiiii!

Natürlich kriegen wir dabei eiskalte, nasse Hintern und der Vulkanstaub, durch den wir nach der langen Rutschpartie waten, legt sich über uns wie eine zweite Haut. Am Ende sehen wir aus, als kämen wir geradewegs aus einem Kohleschacht.

Schmutzig aber bester Laune steigen wir am Ende des Tages wieder in die Minibusse.

Wie viel Glück wir mit unserer Bergtour gehabt haben, erfahren wir am nächsten Tag: Auch er beginnt sonnig, doch am Mittag senken sich Wolken tief über den Vulkangipfel und alle Tourgruppen müssen umkehren. „So geht das hier oft wochenlang", verrät uns einer der Führer, den wir noch einmal in der Stadt treffen.

Abends ein Highlight ganz anderer Sorte: Der Versuch, in einer chilenischen Kleinstadt Tampons zu kaufen. Im Supermarkt: Die Regale sind voller Damenbinden, kein Tampon weit und breit. Die errötende Verkäuferin raunt mir zu, so was gäbe es hier nicht. Ich solle es doch mal in der Drogerie nebenan versuchen. In der Drogerie nebenan: Man reißt ob meiner ungenierten Nachfrage erschrocken die Augen auf und flüstert mir zu, ich solle in die Apotheke gehen. Nebenan.

Selbst in der Apotheke: Verschämte Reaktionen. Und: Die Tampons sind leider grade ausgegangen. Wieder mal zweifle ich an meinen Spanischkenntnissen. Die Tampons kriege ich schließlich von einer Mitreisenden.

Gemeinsam mit zwei anderen Wanderfans setze ich mich am nächsten Morgen in einen Bus. Nachdem ich mühsam einen streunenden Hund losgeworden bin, der unbedingt mitkommen wollte. Wir fahren in den *Parque Nacional Huerquehue*. An diesem unaussprechlichen Ort wandern wir um malerisch gelegene Bergseen, bestaunen stachelige *Monkey Puzzle Trees*, die so heißen, weil keine Affe wüsste, wie er sie erklettern soll, und können noch einmal von weitem den weißen Kegel des *Villarrica* Vulkans bestaunen. Eine fette rothaarige Tarantel entdecken wir nur durch Zufall und fragen uns natürlich sofort, wie viele wir vorher, als wir gemütlich an einem Seeufer auf umgestürzten Baumstämmen saßen, übersehen haben. Die Reißverschlüsse unserer Zelte werden wir heute Abend besonders gewissenhaft schließen.

Zwanzig

Bernhardiner in Bariloche

Schwarzwälder Kirschtorte und Schokoladegeschäfte! Bernhardiner Hunde und alpen-
ländische Architektur! Wir sind in Argentinien, genauer gesagt in Bariloche. Die Stadt mit
ihren 120 000 Einwohnern gilt als nördliches Einfallstor zu Patagonien. Die mit entspre-
chenden Logos bedruckten Fleece-Pullover gibt es in jedem der vielen Outdoor-Läden
in der Innenstadt. Schokolade wird gleich nebenan verkauft. In hundert Geschmacks-
variationen. Und dann die Kuchen! Nach deutschem, österreichischem oder Schweizer
Rezept. Zu argentinischen Preisen. Wir können gar nicht genug kriegen.
Tausende Kilometer von zuhause entfernt sieht es hier plötzlich aus wie an den Ur-
laubsorten meiner Kindheit. Selbst die Berge ringsum könnten irgendwo in Österreich
stehen.
Wieder mal haben wir eine Grenze überschritten. Durch malerische Seenlandschaften
und an Vulkanen vorbei führt eine raue Schotterpiste zu einer abgelegenen Grenzstation. Zwischen Chile und Argentinien werden wir auf dem Weg nach Süden noch öfter
hin und her pendeln, immer wieder dieselben Formulare ausfüllen und dieselben Fragen
beantworten. Bei der Ausreise aus Chile gibt es diesmal Probleme, weil die Papiere
zweier neuer Passagiere nicht in Ordnung sind. Es handelt sich um die beiden Texaner,
die jedwedes amerikanische Negativklischee bis zum i-Tüpfelchen erfüllen. Sie sind laut,
ahnungslos aber besserwisserisch, chauvinistisch, übergewichtig und mit der Aufmerk-
samkeitsspanne eines Wasserflohs gesegnet. Dabei liebe ich US-Amerikaner im Allgemeinen und Texaner im Besonderen und hatte mich ursprünglich auf die beiden neuen
Reisegefährten gefreut. Die Freude währte allerdings nur kurz. Die zwei Kerle sind auf
dem falschen Trip, in mehrfacher Hinsicht. Inzwischen kennen wir einen Teil des Inhaltes
der vier mitgebrachten Schrankkoffer, die täglich mühsam auf- und abgeladen werden
müssen. Der gruppeninterne Gepäckdienst erwägt bereits einen Bummelstreik.
Die komplette eigene Campingausrüstung musste mit. Und Kühltaschen natürlich. Ständig
sind die Texaner auf der Suche nach Eis für ihre Cocktails! Das Handgepäck besteht vor
allem aus hochprozentigen Getränken.
Dafür beschränkt sich die Mithilfe der beiden beim Kochen, Spülen und Aufräumen auf
verzichtbare Kommentare. Kein echter Beitrag zum harmonischen Gruppenleben.
Was Wunder, dass wir all unsere Hoffnungen in die chilenischen Grenzer setzen. Sie
monieren fehlende Unterlagen und Stempel. Für die gestrengen Beamten keine Kleinig-

keit. Vielleicht werden wir die ungeliebten Mitreisenden ja schneller los, als wir zu hoffen wagten. Doch am Ende gibt es dank Hugos Fürsprache doch die Ausreisestempel für die beiden und die Fahrt geht weiter.

In Argentinien spricht man zum Glück ein Spanisch, das für unsere Ohren wieder etwas verständlicher klingt als in Chile. Und für die Reisekasse ist das Leben hier ebenfalls deutlich entspannter. Dass vor wenigen Jahren die Wirtschaft Argentiniens komplett am Boden lag, will man kaum glauben, wenn man die stolzen schönen Menschen im schicken Bariloche sieht. Aber angeblich leben um 50 % der Bevölkerung Argentiniens unter der Armutsgrenze.
Im Umland wimmelt es von Pferden – den kleinen aber wieselflinken Criollos – und angeblich ziemlich schmackhaften Rindern. Wir sind im Gaucho-Land.

Gespräch im Hostel in Bariloche:
„Wir grillen heute Abend! Für 20 Pesos kannst du Fleisch essen, so viel du willst."
„Nein danke. Ich bin Vegetarierin."
Kopfschütteln. Staunen. Langes Nachdenken. Dann plötzlich geht ein Leuchten über das Gesicht des jungen Mannes. „Ich habs! Du isst einfach Hühnchen!"

Lieber noch mehr Kuchen und noch mehr Schokolade.
Nach einem ziemlich touristischen Bootstrip zur *Isla Victoria* und einer Bergwanderung, bei der wir von tief fliegenden Kondoren neugierig beäugt werden, fahren wir weiter. Wir sind alle gespannt auf den kargen, gebirgigen und windigen Süden Patagoniens, auf das Mekka der Outdoor-Enthusiasten.

Einundzwanzig

Traumberge und patagonische Winde

Bei uns nennt man so was „Sturmböen" oder „Windgeschwindigkeiten bis 90 km/h." Hier nennt man es „Sommer". Und der Wind ist deutlich mehr als bloß ein Lüftchen. Er ist brutal. Zerfetzt Zelte, wirft Fußgänger um …
Die Städtchen im Süden Argentiniens sind echte Pionierflecken. Oft ohne geteerte Straßen und mitten im Nirgendwo. Aber alle haben Internetcafés, in die man sich allerdings zur Überbrückung der Wartezeiten bis zum Seitenaufbau am besten ein Buch mitnimmt.

Langsam haben wir uns durch die eintönige Steppe nach Süden vorgearbeitet. Oft sieht man stundenlang nur die karge, windgepeitschte Ebene. Das Bild vor den Fenstern scheint ewig stillzustehen. Halbwilde Pferde und ein paar versprengte Rinder nagen hier und da an harten Grashalmen. Gelegentlich wuselt ein Gürteltier über die Straße oder ein Nandu rennt mit aufgeplusterten Flügeln davon.
Und dann erheben sich urplötzlich am westlichen Horizont zerklüftete Gebirgszüge aus dem flachen Land. Der Kontrast zu den weiten Ebenen lässt sie umso dramatischer wirken. Wir schlagen unser Camp an einem eisigen See im *Los Alerces* Nationalpark auf. Viele junge argentinische Rucksackreisende verbringen hier ihre Sommerferien. Sie sind per Bus, zu Fuß und per Autostop unterwegs, stammen oft aus den großen Städten und sind stolz auf die Schönheit der wilden Natur ihres Landes. Das erfahren wir, als sie sich abends zu uns gesellen. Wegen des Windes wird aus einem gemütlichen Plausch am Lagerfeuer leider nichts. Ziemlich kurz fällt auch das Bad im eiskalten See aus. Doch die Landschaft ist so ursprünglich und schön, dass fast niemand ernsthaft eine warme Dusche vermisst. Wir sichern noch einmal die Abspannung der Zelte und krabbeln dann in unsere Schlafsäcke.
Noch zwei Fahrtage bis El Chaltén, dem Dorf im Schatten des *Fitz Roy* Massivs. Unterwegs müssen wir immer wieder anhalten, weil der Wind die Abdeckplane vom Dach des Trucks reißt. Beim Aussteigen werden wir fast umgeweht. Alle Fotoaufnahmen verwackeln.
Dann türmen sich plötzlich von Gletschern umrahmte Bergzacken über der Steppe. Im Abendlicht fahren wir auf das *Fitz Roy* Massiv zu. Der Anblick von so viel überwältigender Gebirgsherrlichkeit ist richtig ergreifend. Für Bergfans würde sich eine Südamerikareise schon allein wegen der Anfahrt zum Gebirgsdorf und Trekkingstützpunkt El Chaltén

lohnen. Vorausgesetzt man kann die Gipfel überhaupt sehen. Denn in der Ranger-Station vor El Chaltén erfahren wir, dass heute seit über drei Wochen der erste Tag mit klarer Sicht sei.

Das *Fitz Roy* Bergmassiv gehört zu den Anden und ist Teil des *Los Glaciares* National-parks.

Nur zwei Tage haben wir Zeit zum Wandern, für manche deutlich zu wenig, für andere schon viel zu viel. El Chaltén erinnert an eine staubige Westernstadt. Zusammengewürfelt stehen die Holzhäuser an den Schotterstraßen dieses Dorfes am Ende der Welt.

Zu dritt machen wir uns am nächsten Morgen zu einer ganztägigen Tour auf, die uns immer wieder neue Ausblicke auf den 3400 Meter hohen *Mount Fitz Roy* mit seinen vertikalen Granitwänden und seinen Gletschern bringt. Auf den Seen dümpeln blaue Eisberge. Eine Landschaft zum Niederknien. Heller Fels, grauweißes Eis, gletscherblaues Wasser, dunkler Wald im strahlenden Sonnenschein. Den Nachmittag verbringen wir am *Lago de Los Tres*, einem türkisblauen Gletschersee direkt unter dem *Fitz Roy* Gipfel, mitten in der Hochgebirgsherrlichkeit. Und sind in guter Gesellschaft. Wer die Einsamkeit sucht, den werden die Hauptwanderstrecken Patagoniens ziemlich erschrecken. Die Wandersaison im Sommer ist kurz, und in den wenigen Wochen trifft sich hier die Welt. Schweizer, Deutsche, Österreicher, Italiener und Engländer machen einen Großteil der Trekkingtouristen aus. Aber auch die Südamerikaner wissen diese Traum-Landschaft zu schätzen. Die Gipfel selbst sind eher etwas für Spezialisten. Mit ihren senkrechten Wän-den, den Eisfällen und den Gletschern, die wie Ponchos um ihre Flanken hängen, gehören sie zu den schwierigsten der Welt. Vor allem der *Torre* Gipfel mit seinen grade mal 3100 Metern ist berüchtigt. Nur eine Handvoll Bergsteiger pro Jahr schafft es ganz nach oben. Wir bewundern diesen Berg nur von unten und aus einiger Entfernung. Zwölf Stunden sind wir an diesem Sonnentag unterwegs, bis wir wieder am Campingplatz in El Chaltén ankommen. Der ist völlig überfüllt. Die unterdimensionierten sanitären Anlagen platzen aus allen Nähten, das Männerklo ist geflutet. Wir Wanderer sind trotzdem völlig high.

Am nächsten Tag unternehmen wir eine geführte Tour auf den *Torre* Gletscher. Erst mal müssen wir zwei Stunden lang in strammem Tempo zum *Campamento Baso* marschieren. Nicht schlimm. Vom Weg aus können wir den *Cerro Torre* und den *Torre* Gletscher bereits sehen. Genusswandern also. Im *Campamento* gibt es Tee, und uns werden Klettergurte und Steigeisen angepasst. Laura, unsere englischsprachige Führerin, meint, wir sollten uns an – nennen wir ihn Carlo – nicht stören. Er sei ein introvertierter Naturbursche und oft ziemlich ruppig, aber auf dem Gletscher kenne er sich aus wie kein zweiter.

Ruppig?

Mir gegenüber ist er sehr aufmerksam, passt hingebungsvoll meinen Klettergurt an und bringt sogar so etwas wie ein Lächeln zustande.

Weiter geht die Wanderung zur Tirolesa, einem Kabel über den *Rio Fitz Roy*. Hier kommen die Klettergurte zum Einsatz. An den Rucksäcken wird noch einmal alles festgezurrt, was abfallen könnte. Aber irgendwas verliert trotzdem immer jemand. Der Klettergurt wird an einem Rollensystem befestigt, und Hand über Hand müssen wir uns nach einander an dem Kabel über den reißenden Gletscherfluss ziehen. Unten in den Stromschnellen tauchen Wasservögel, denen wir im ersten Augenblick Todessehnsucht unterstellen. Doch es handelt sich um *Torrent Ducks*, Sturzbachenten, samt Küken, die sich von den Steinen ins Wasser stürzen und wie durch ein Wunder ein Stück flussabwärts unversehrt wieder zum Vorschein kommen.

Der nächste Teil des Anmarsches zum Gletscher ist kräftezehrend. Er führt durch steiles und recht schwieriges Gelände. Die letzten paar hundert Meter sind knochenharte Kraxelei an einem fast senkrechten Hang. Dann stehen wir endlich auf dem Eis und meine Kamera versagt prompt ihren Dienst. An alles habe ich gedacht, nur nicht an Ersatzbatterien. Und wer weiß, wann ich je wieder auf einen Gletscher komme! Noch dazu einen wie diesen vor der Kulisse eines so spektakulären Berges wir dem *Cerro Torre*!

Die Steigeisen werden angelegt. Herzklopfen. Jetzt wird es spannend. Carlo gibt uns eine Einweisung. Mir eine besonders sorgfältige. Richtig gehen kann man auf dem Eis nur, wenn man seine Bedenken über Bord wirft, den Steigeisen vertraut und sie genau so einsetzt, wie Carlo es demonstriert. Außerdem haben wir ihm Schritt für Schritt genau zu folgen. Laura geht hinten und behält alle im Auge. Wer ausschert, kriegt ein Donnerwetter zu hören.

Zwanzig Minuten dauert es, bis ich von ängstlicher Vorsicht auf Genuss umschalten kann. Die Spalten, an denen wir entlang marschieren, sind tief genug für ein bisschen Beklommenheit. Die Eisgrade, die wir besteigen, erinnern an Sanddünen und sind doch ganz anders. Um uns nur weißes, graues und blaues Eis, Pools mit gletscherblauem Wasser, über uns der *Cerro Torre* und ein Kondor, der wie auf Bestellung seine Kreise zieht. Die Eislandschaft zieht mich bald so in ihren Bann – ich weiß nicht, ob ich singen soll oder vor Ergriffenheit heulen. Aber keins von beidem kommt infrage. Wandern auf dem Gletscher verlangt volle Konzentration. Am Schluss dürfen wir uns noch im Eisklettern versuchen. Gut gesichert und mit Helm und zwei Eispickeln ausgerüstet, arbeiten wir uns eine Eiswand hinauf. Ich mache keine sehr glückliche Figur. Carlo lobt mich trotzdem ausdauernd, und das Abseilen macht großen Spaß.

Dann ist es Zeit für den anstrengenden Rückmarsch. Runter vom Gletscher, Steigeisen weg. Steiles Gelände. Rauf, runter. Kabelhangeln über den Fluss und zurück zum Basecamp. Carlo, der mit niemandem außer mir mehr als zwei Worte gewechselt hat, wird immer gesprächiger. Stellt mir Fragen, erzählt von sich. Becky – sie geht direkt hinter mir und versteht angeblich kein Wort Spanisch – gluckst die ganze Zeit belustigt vor sich hin. Ob ich Kinder hätte, will Carlo wissen.

Nein.

Ob ich verheiratet sei.

Ja.

Wie schön. Er hätte eine Freundin.

Die genauso wenig hier sei wie mein Ehemann.

Wenn ich also wollte, könnte ich gern heute in seinem Zelt im Basislager übernachten. Umsonst.

Ich lehne das selbstlose Angebot dankend ab.

Becky hat einen Schluckauf.

Im *Campamento* gibt es wieder Tee und Kekse, Carlo wirft mir zum Abschied glühende Blicke zu. Dann machen wir uns auf den zweieinhalbstündigen Rückweg zum Campingplatz. Aber der Treck ist kurzweilig, weil die zusammengewürfelte zehnköpfige Wandergruppe am Ende des Tages schon fast zum Freundeskreis geworden ist.

Und im Camp? Skandal!

Einer der Texaner hatte wohl seine texanische Flagge auf unserem abgestellten Truck gehisst, was eine Australierin gewaltig störte. Als Ausdruck ihrer Empörung befestigte sie heimlich eine Unterhose am Fahnentuch. Der halbe Campingplatz schlug sich vor Lachen auf die Schenkel. Nicht so unsere beiden alkoholisierten texanischen Freunde. Die Flagge entweiht, die Nation beleidigt. Stundenlange Diskussionen. Einer der Amerikaner trägt nun die Flagge um den Hals – bereit, sie notfalls mit seinem Leben vor weiteren Entweihungen zu schützen. Was bin ich froh, dass wir nicht da waren.

Texaner Nummer zwei hat es sich inzwischen zur Aufgabe gemacht, sämtliche weibliche Mitreisende mit Anzüglichkeiten zu belästigen. Ich warte nur auf ein falsches Wort an mich.

Aber eigentlich habe ich auf Albernheiten dieser Art so gar keine Lust. Wir sind in Patagonien. Davon habe ich wer weiß wie lange geträumt. Wir haben das Glück, diese grandiose Landschaft bei guter Sicht zu erleben. Alles andere ist nebensächlich.

Gerne würde ich noch ein paar Tage bleiben, die Gegend weiter erkunden. Aber am nächsten Morgen wird mir der Abschied leicht gemacht. Der Wind ist so stürmisch, er reißt alles davon. Mir fliegt sogar die schwere Feldküche um die Ohren und ich habe Glück, dass ich mir nur ein paar blaue Flecken hole. Das Vordach des Trucks ist ebenfalls hinüber. Wir packen nur eilig alles zusammen, verzichten auf das Frühstück und machen uns auf den Weg. Wo gestern Abend noch Bergflanken im letzten Tageslicht erglühten, wabert heute nur Nebel. Die Wolken haben das gesamte **Fitz Roy** Bergmassiv verschluckt.

Zweiundzwanzig

Perito Moreno – regenfrei

Er ist nicht der größte Gletscher Patagoniens und angeblich auch nicht der schönste. Aber er ist touristisch gut erschlossen und damit der am meisten besuchte. Wir fahren zum *Perito Moreno*.

Am unwirklich blauen Gletschersee *Lago Viedma* entlang geht es erst nach Osten, dann nach Süden auf die *Ruta Nacional 40*, die Traumstraße der Outdoor-Enthusiasten. Bald sehen wir den *Lago Argentino*, auf dem gigantische Eisschollen treiben. Dass etwas weiter westlich das größte Eisfeld abseits der Pole liegt, ist an der Lufttemperatur deutlich spürbar. Niemand hat etwas dagegen, dass wir die Nacht nicht im Zelt, sondern in einem Hostel in El Calafate verbringen.

Nach den angeblich so arroganten Argentiniern fanden wir noch immer. Diejenigen, mit denen wir zu tun haben, sind nett, höflich und hilfsbereit. Zwei ältere Damen haben mich bereits gedrückt und geherzt. Eine, weil ich ihr beim Aufstehen von einer Bank geholfen habe, die andere, weil ich aus Deutschland komme.

El Calafate ist voller Touristen aus aller Welt. Was die Banken am Ort nicht davon abhält, um 15.30 Uhr ihre Pforten zu schließen. Das Ergebnis ist akute Finanznot bei einigen Reisenden.

Das Hostel ist von deutschen Rentnern in Goretex-Anoraks bevölkert, die dort allerdings nur die Dusche benutzen. Schlafen tun sie draußen im roten Anhänger ihres Reisebusses, in Fächern übereinander gestapelt wie Hühner in einer Legebatterie. Meine Mitreisenden meinen wie Leichen in einem Kühlhaus. Sie taufen die weltweit operierenden deutschen Busse mit ihren Schlafanhängern liebevoll „Sarg-Tours".

Am nächsten Morgen legen wir auf der Fahrt zum Gletscher auf der *Estancia Anita* eine Kaffeepause ein. Hier draußen ist Bilderbuch-Patagonien. Die gelbe Steppe, über die Pferdeherden ziehen. Tiefblaue, eiskalte Seen. Am Horizont vergletscherte Berge, darüber bauschen sich wilde Wolken in einem hohen weiten Himmel. Das Licht ist grell, Kondore kreisen. Durch einen Tümpel waten patagonische Flamingos – Vögel, die wir eigentlich in viel wärmeren Breiten vermuten würden. Schöner wird es nicht mehr.

Der Pferdebändiger der Estancia spricht Deutsch. Wie so viele Leute in Argentinien. Er

hat mal in Deutschland gearbeitet. Außerdem haben sich hier viele Deutsche niederge-
lassen. Vor allem am Ende des Zweiten Weltkrieges. Dieselbe Geschichte wie in Chile.
Die halbwilden Criollos fängt der Mann mit dem langen schwarzen Haar mit einem Lasso
aus dem Coral. Anfassen lassen die kleinen robusten Pferde sich nicht so gern. Schon
gar nicht am Kopf. Sind sie erst gesattelt, stehen sie lammfromm am Anbindebalken und
warten auf ihre Reiter.

Perito Moreno Gletscher in Patagonien

Oben in der Estancia trinkt der Boss seinen Mate-Tee. Den ganzen Tag über wird das
grüne Teepulver aus zerstoßenen Blättern in seinem Becher immer wieder neu mit
heißem Wasser aus einer Thermoskanne übergossen. Zucker kommt dazu, getrunken
wird durch einen Blechhalm mit kleinem Sieb am unteren Ende. Gute Freunde und Familienmitglieder teilen den Teebecher miteinander.
Auf dem Land treffen wir kaum ein argentinisches männliches Wesen, das keinen Matetee
in Reichweite hätte.

Weiter zum **Perito Moreno** Gletscher. Auch er gehört zu den Naturwundern, von denen jeder schon viele, viele Bilder gesehen hat. Steht man dann aber selbst davor, ist alles um so viel aufregender und beeindruckender, als man ahnte. Die breite Eiszunge, die sich zwischen zwei Berggipfeln hindurch in den gewaltigen **Lago Argentino** schiebt, ist von der Wasserfläche an gemessen bis zu 70 Meter hoch. Eis gewordene Finnen und Türme ragen aus dem See auf. Immer wieder bricht mit großem Getöse ein Stück davon ab, stürzt ins kalte Wasser und löst einen Minitsunami aus. Wir erfahren, dass auch hier der Klimawandel spürbar ist, dass der Gletscher schneller fließt, dass er öfter kalbt. Auf einem Bootstrip kommen wir nahe an das hoch aufragende Eis heran, fühlen uns klein und unbedeutend. Wir sehen Gletschertore und wie Schweizer Käse durchlöcherte Eissäulen. Wir sehen graues, weißes und blaues Eis. Das blaue ist das älteste, ist am stärksten komprimiert. Am Seeufer gibt es einen Wanderpfad, an dem Calafatebeeren wachsen. Isst man von ihnen, so wird man eines Tages nach Patagonien zurückkehren, heißt es. Ich nehme gleich eine ganze Handvoll.

Später kommen wir auf Bretterstegen ganz nahe an den Gletscher heran. Hier herrscht wieder dichtes Gedränge. Argentinische Schulkinder, Touristengruppen aus aller Herren Länder. Der Schönheit des Gletschers tut das keinen Abbruch.

Aus dieser Perspektive erinnern die weißen Eiswände an die Rügenbilder mit den Kreidefelsen von Caspar David Friedrich. Vom nachdrängenden Gletscher geschoben, stößt das Eis irgendwann an die Halbinsel **Peninsula Magallanes** an und bildet damit eine natürliche Staumauer im **Lago Argentino**. Diese hält eine Weile – es können Monate sein oder Jahre –, bis das Schmelzwasser, das aus dem Norden in den See nachfließt, den Wasserspiegel zu stark steigen lässt. Irgendwann wird der Druck auf die Eisbarriere an der Halbinsel so stark, dass sie bricht. Meist kündigt sich dieses Ereignis schon Tage vorher an. Es wird im argentinischen Fernsehen live übertragen und wie ein Nationalfeiertag begangen.

Während unseres Besuchs ist der Abstand zwischen Gletscher und Halbinsel noch groß. Diesmal kooperiert meine Kamera. Der Gletscher wird auf zahllosen Bildern verewigt. Wieder haben wir Glück mit dem Wetter. Am Tag zuvor mussten die Touristen den Gletscher im Dauerregen bestaunen. Kein Regen heute. Doch Kälte, Sonne und Wind gerben unsere Haut, röten unsere Augen und lassen unser Haar wild abstehen. Wir sind uns einig: Schöner macht eine Reise nach Patagonien nicht.

Dreiundzwanzig

Trekker-Traumziel Torres del Paine

Auch der *Parque Nacional Torres del Paine* liegt in Patagonien. Allerdings in Chile. Also mal wieder ein Grenzübertritt. Inzwischen übertreffen wir uns gegenseitig mit exotischen Ideen für das schmale Feld auf den Formularen, in dem der Beruf einzutragen ist. Delfintrainer, Zauberkünstler, Hochseilartist ... Zu viele Stunden in irgendwelchen Grenzwarteschlangen machen albern. Und nur an Grenzen trägt unser Fahrer Hugo Schuhe. Während die Passagiere auf ihre Abfertigung warten, muss der Truck stets umständlich mit ziemlich viel Papierkram von einem Land ins andere transferiert werden.

Zuerst fahren wir nach Puerto Natales, unsere Vorräte aufstocken. Der Ort ist düster – vielleicht liegt es am Wetter – aber nicht ohne Charme. Einen Milchkaffee möchte ich gerne trinken. Geliefert wird ein Glas heiße Milch und eine Dose mit Kaffeepulver zum Selbsteinrühren. Schmeckt nicht mal schlecht.

Dann auf gepflegten Schotterpisten hinaus zum Park.

Wir sind schon gespannt, ob das Wetter es wieder gut mit uns meint, denn von einigen entgegenkommenden Reisenden haben wir gehört, sie hätten tagelang gewartet aber keinen einzigen Berg zu Gesicht bekommen.

Es ist trübe und regnerisch. Kurz hinter dem Parkeingang steht ein einsames Guanaco am Wegrand. Ein paar Kilometer müssen wir noch über die Schotterpiste hoppeln, dann liegen sie vor uns, die *Cuernos*, die berühmten Hörner aus Granit mit ihren dunklen Hauben aus anderem Gestein. Trotz Nieselregen und dicken Wolken machen wir ein paar Bilder. Vorsichtshalber:

Nur vier Nächte bleiben wir hier. Ich habe ausgerechnet, dass die beliebte Mehrtageswanderung, das wegen der Streckenführung so genannte „W", mit wenig Gepäck und vielen Tageskilometern in zwei oder drei Tagen zu schaffen sein müsste. Die Übernachtungshütten sind zwar ausgebucht, aber man kann Zelte mieten, sodass ich nicht unbedingt ein eigenes mitschleppen muss. Außer mir hat niemand Lust auf dieses Wanderpensum. Zunächst fahren wir zum Camp am *Lago Pehoe*, das angenehm überrascht. Es bietet eine gute Sicht aufs Gebirge, schöne Stellplätze und hervorragende sanitäre Einrichtungen. So etwas sind wir gar nicht mehr gewöhnt.

Alexandro, der Platzwart, sieht kein Problem. Er meint, auf den Wanderwegen sei so viel Betrieb, dass ich sowieso nie lange allein sein würde. Auch unsere Tourleiter Zoe und Hugo legen mir keine Steine in den Weg. Ich muss nur unterschreiben, dass ich die

Wanderung auf eigene Gefahr unternehme und kann die Solotour angehen. Wobei „solo" im *Torres del Paine* Park tatsächlich eine unpassende Bezeichnung ist. Hunderte von Trekkern auf allen Pfaden. Von Einsamkeit kann keine Rede sein. Das merke ich am nächsten Tag. Das Wetter ist ordentlich, also los.

Cuernos im Torres del Paine Nationalpark in Patagonien

Mit dem Katamaran geht es über den *Lago Pehoe*. Kakao im Fahrpreis inbegriffen. Nach dem Anlegen wandere ich nach Osten in die Wunderwelt der *Torres*. Es ist windstill und sogar die Sonne lässt sich blicken. Ich kann mein Glück kaum fassen. Mittagspause mache ich auf einem Aussichtspunkt, von dem aus man die Eislawinenabgänge im gegenüberliegenden Gletscher, dem *Glaciar del Francés*, aus sicherer Entfernung hervorragend beobachten kann. Das reinste Actionprogramm wird hier geboten.
Teilweise geht es steil bergauf, der Schweiß läuft in Strömen. Immer weiter wandere ich durch das *Valle del Francés* bis zu einem weiteren Aussichtspunkt an dessen Ende. Hier bietet sich ein grandioses 280 Grad Bergpanorama. Der von Geröll-Lawinen erstickte Berg-

wald gibt dramatische Blicke auf die Hörner frei, doch auch die anderen Gipfel imponieren. Das glückliche Grinsen gräbt sich so tief in meine Züge, dass es schon fast weh tut.

Die meisten anderen Trekker auf den Pfaden stammen aus Deutschland oder Israel. Außerdem höre ich Franzosen, Australier, Engländer, Dänen, Chilenen und Argentinier mit einander plaudern. Auffallend viele Südamerikaner und Israelis wollen von mir vor der Bergkulisse geknipst werden. Irgendwann ahne ich, worum es wirklich geht: Die meisten finden meine Wanderstöcke cool, möchten sie gerne halten und mit ihnen posieren. Aber gern! Unterwegs treffe ich Wanderer, die ich schon aus anderen, hunderte Kilometer entfernten Gegenden kenne. Wir sind anscheinend alle eine große Familie.

Die Wanderung geht weiter zum **Refugio Los Cuernos** am **Lago Nordenskjöld**. In der Nähe der Hütte gibt es sogar Kiesstrände! Romantisch, wie die tief stehende Sonne sie in ein goldenes Licht taucht.

Ein Zelt muss ich mir doch nicht mieten, es ist noch ein Bett frei. Das Abendessen ist teuer aber genießbar. Ich wollte Gewicht sparen, deshalb lasse ich mich bekochen. Die Sonne geht erst um 22.30 Uhr unter. Kurz vorher trifft noch ein wandernder Bowlingclub aus dem Ruhrgebiet ein. So viel zum Thema „die einsame Wildnis Patagoniens erwandern". Mit Ohrenstöpseln überstehe ich die Nacht im Sechsbettzimmer und am nächsten Morgen um sieben geht es weiter.

Zwei Stunden lang habe ich die Welt für mich allein, erst dann treffe ich auf die ersten Wanderer. Heute geht es zum **Mirador de las Torres**, einem hoch gelegenen Aussichtspunkt, von dem aus der Granitturm des 2800 Meter hohen **Torre Central** am besten zu sehen ist. Harte Arbeit. Und auf diesem Wegabschnitt ist noch deutlich mehr los als weiter westlich. Dann senken sich auch noch die Wolken und verdecken die Gipfel. Die Nebelsuppe wird dicker und bleibt hartnäckig auf halber Höhe hängen. Keine Chance auf Aussicht heute.

Am Ende meines zweiten langen Wandertages stehen eine Fahrt mit dem Minibus und dann die Fahrt mit dem Überlandbus zurück zum Camp, wo ich wieder auf meine Gruppe treffe. Trotz chaotischer Fahrpläne und widersprüchlicher Informationen gelange ich vor Einbruch der Dunkelheit ans Ziel. Es reicht sogar noch für einen Kurztrip hinauf zum **Mirador Condor**. Der Nebel hat sich aufgelöst, die Abendsonne lässt die Hörner noch einmal aufleuchten und streift die fremdartige Vegetation auf den Hügeln. Ich bleibe, bis die Nacht herein bricht.

Um das „W" zu komplettieren und weil ich einfach nicht anders kann, mache ich mich am nächsten Tag zum **Grey** Gletscher auf. Diesmal in Begleitung von Kirsten, einer Australierin. Der Tag beginnt wieder mit einem Bootstransfer im Nieselregen und endet mit Sonnenschein und strahlend blauen Eisbergen auf dem **Lago Grey**. Viele gut gelaunte Trekker, viele neue Bilder auf meinem Film.

Eine echte Überraschung ist die artenreiche Flora in diesem Teil Patagoniens. Bäume, Büsche, Moose, Stauden. Ein Blütengarten als kleiner Bonus. Und ein tiefes Glücksgefühl.

Vierundzwanzig

Das Ende der Welt?

Angekommen in der südlichsten Stadt auf dem Globus, angekommen am geographischen Wendepunkt der Reise, fast Halbzeit. Ushuaia ist ein cooler Ort. Etwas ganz Besonderes. Sehr touristisch aber irgendwie auch provisorisch und rustikal. Passagiere von exklusiven Kreuzfahrtschiffen mischen sich hier mit Rucksacktouristen aus allen Winkeln der Erde. Die Atmosphäre ist entspannt und kosmopolitisch. Es macht Spaß, durch die ein, zwei Straßenzüge des Zentrums zu bummeln, die verschiedensten Sprachen zu hören und später an den Tischen in den Kneipen zusammenzurücken. Sicher auch weil es hier gerade ungewöhnlich sommerlich ist. Die Einheimischen sind beunruhigt über mehr als 20 Grad Celsius und Sonnenschein. Sonst spielt sich der Sommer hier im tiefen Süden anscheinend in deutlich niedrigeren Temperaturbereichen ab. Schließlich ist es bis zum Südpol nicht mehr allzu weit.

Ein gebirgiges Halbrund im Rücken der Stadt schützt sie vor den Winden der südpatagonischen Ebenen und sorgt für eine fotogene Kulisse. Von Ushuaias Hügeln aus geht der Blick hinunter zum Hafen. Dort starten die sündteuren Antarktiskreuzfahrten – ein Reisetraum, der wohl noch ein paar Jahre weiter geträumt werden will.

Der Taxifahrer, mit dem wir unterwegs sind, lässt es sich nicht nehmen, uns während der Fahrt einen Vortrag über argentinische Popmusik zu halten. Mit Hörbeispielen. Das Taxi hüpft im Takt der wummernden Bässe, und Tango sei nur was für die „großen Leute". So drückt der Fahrer sich aus.

Wir Overlander sind uns einig: Argentinien ist schön. Viel Weite, viel Landschaft aber auch viel Lebensart. Die Stimmung wirkt manchmal ein bisschen melancholisch und versonnen, der allgegenwärtige Machismo ist gepaart mit viel Respekt und Höflichkeit. Damit kann man leben. Es gibt interessanten Kaffee und großartiges Gebäck. Das Tempo ist abwechselnd rasant (beim Autofahren) und südamerikanisch (bei allem anderen). Wir sind gespannt, was Argentinien uns sonst noch bieten wird.

Das Ende der Welt haben wir nicht erst in Ushuaia, sondern bereits zwei Tage zuvor erreicht. Es liegt mit ziemlicher Sicherheit an der Magellanstrasse, die das chilenisch/argentinische Festland von Feuerland trennt. Eisige Winde begrüßten uns dort und immerhin sechs Grad Celsius. Nieselregen, graue Einöde und eine Fähre, die zum Glück nur eine halbe Stunde bis ans andere, windgepeitschte Ufer der feindselig wirkenden Wasserstraße mit der kräftigen Strömung braucht. Wer hier den Sommer erlebt, will lieber nicht wissen, wie die Winter so sind. Die Gegend ist wie leer geräumt. Kein Mensch, kein Tier, kein Baum, kein Strauch, kein Hügel oder Berg. Nur graues, struppiges Gras unter einem ebenso grauen Himmel. Das Ende der Welt wie aus einem finsteren Traum.

Nach der Überfahrt führt unser Weg nach Rio Grande und dort fällt ein vernichtendes Urteil: Das Beste an dieser Stadt ist die Straße, die aus ihr hinaus führt. Wir stimmen kurz ab – unsere Fahrer fühlen sich fit – und tuckern gleich weiter nach Ushuaia. Eine gute Entscheidung. Wer will schon in einer regengrauen eisigen Stadt in der Pampa hocken, wenn man in Ushuaia Milchkaffee trinken und die Welt an sich vorüber ziehen lassen kann?

In der Nacht entdecken wir einen Streifen am Himmel. Nein, es liegt nicht am argentinischen Wein. Die Erscheinung sieht tatsächlich aus wie der Stern von Bethlehem. So was hat noch keiner von uns gesehen. Der Himmelskörper mit dem gewaltigen Schweif ist der McNaught Komet. Der Anblick stimmt philosophisch. Wer sind wir? Wo? Warum? Ein paar Nächte lang steht der Komet gut sichtbar am wenig lichtverseuchten Himmel über Feuerland. Fast unheimlich und sehr mystisch. Als er schließlich verschwindet, vermissen wir ihn.

In Ushuaia entdecken wir viele Trucks und Reisebusse, die wir schon öfter gesehen haben. Im Lauf der Zeit kennt man einander. Wir sind alle auf ähnlichen Routen unterwegs, besuchen dieselben Sehenswürdigkeiten.

Zum touristischen Pflichtprogramm gehört eine Bootsfahrt auf dem **Beagle Kanal**. Die Sonne scheint, doch der Wind peitscht Wellen auf. Kein Tummelplatz für unbedarfte Hobbykapitäne. Hier im tiefen Süden werden die wenigen Jachten nur noch von Profis oder zumindest sehr erfahrenen leidenschaftlichen Seglern durch die Meerengen gesteuert.

Auf zum Leuchtturm am Ende der Welt, zu Seelöwen- und Vogelkolonien. Der Höhepunkt ist ein Besuch bei den Magellanpinguinen. Lustige Situation. Zweitausend Pinguine stehen an Land und sehen zweihundert Touristen an, die auf zwei Katamaranen stehen und zweitausend Pinguine ansehen, die … Die Pinguine sind umwerfend. Stundenlang könnte man ihnen zusehen. Sie watscheln, schnattern, schlafen oder tun sehr beschäftigt. Die noch flaumigen Jungtiere marschieren entschlossen zum Wasser, drehen aber, sobald eine Welle ihre Füße benetzt, wieder um. Bis zum ersten richtigen Bad müssen sie noch ein bisschen warten und ihr Gefieder vollends wechseln. Im Augenblick sehen sie ziemlich zerzaust aus.

Die Elterntiere bieten eindrucksvolle Schwimmvorführungen. Sie sausen scheinbar schwerelos und schnell wie Torpedos durchs eisige Wasser. Zwischendurch vollführen sie

Formationssprünge, wie man sie sonst nur von Delfinen kennt. Nein, ein Pinguin komme als Maskottchen für den Truck nicht infrage, betont Hugo.

Inzwischen sind e-Mails von den Hotelbesitzern in Uyuni, der Stadt am Salz, angekommen. Die kaputten Fensterscheiben im Waisenhaus wurden ausgetauscht. Das gespendete Geld hat dafür gereicht.

In Ushuaia ist wieder Passagierwechsel. Fünf Mitfahrer/innen beenden hier ihre Reise, fünf neue sollen zusteigen.
Die Texaner bleiben uns allerdings noch bis Buenos Aires erhalten. Der ältere von beiden unterhält uns nach wie vor täglich mit ausdauernden Furz-, Rülps- und Schleimhust-Arien. „Immer noch besser, als ihn reden zu hören", urteilt die Schottin Moragh.
Und dann heißt es plötzlich: „SIE SIND WEG!!!" Am letzten Tag in Ushuaia werden die beiden Texaner ebenso freundlich wie nachdrücklich aufgefordert, die Tourgruppe zu verlassen. Sie waren zweimal verwarnt worden, tauchen diesmal aber schon am Vormittag betrunken zur Fahrt in den *Tierra del Fuego* Nationalpark auf. Daraufhin werden sie von Zoe und Hugo nach Rücksprache mit deren Bossen in England von der Weiterreise ausgeschlossen. Die vier Schrankkoffer sind noch auf dem Truck, die transportieren wir für die beiden Texaner liebend gerne nach Buenos Aires. Erstaunlich gelassen ziehen sie ab – mit einem kleinen Daypack mit Klamotten für eine Woche und je zwei dicken Taschen voller Alkoholika. Das Klink-klank, Klink-klank verhallt in der Ferne.

Wir fahren unbehelligt in den *Tierra del Fuego* Nationalpark und sind ein kleines bisschen enttäuscht. Nach der wilden Herrlichkeit des *Fitz Roy* Massivs und der *Torres*, wirkt die Berglandschaft hier deutlich zahmer. Die Kombination aus Seen und niederen Gipfeln erinnert an Skandinavien. Dass unter jedem Strauch ein verwildertes Hauskaninchen hockt und Gras mümmelt, finden wir ziemlich verwunderlich.

Fünfundzwanzig

Pampa und Pinguine

Inzwischen sind wir ein ganzes Stück an der atlantischen Ostküste Argentiniens entlang nach Norden gereist. Man merkt es an den Temperaturen – es wird wärmer – und am Licht – die Tage werden kürzer. Die Landschaft hat sich ebenfalls grundlegend verändert. Alles ist topfeben und sehr kahl. Nur Pampa, Pampa, Pampa und drei Stunden später immer noch – Pampa. Und zwei Tage danach? Keine Veränderung. Windige Weite, harte gelbe Grasbüschel, ein paar Schafe, ein paar Guanakos. Für Abwechslung sorgen nur zwei platte Reifen in kurzer Folge, die gewechselt werden müssen. Zoe und Hugo leisten Schwerstarbeit, die Passagiere assistieren.

Bald haben wir das Gefühl, nach und nach sämtliche Raststätten Argentiniens kennen zu lernen. Zum Glück sind sie meist Anlaufpunkt für Einheimische, die hier ihren Kaffee trinken und immer gern ein Schwätzchen mit uns halten.

Gezeltet wird mal am Straßenrand, mal auf Campingplätzen. An Sanitäranlagen mit Ekelfaktor haben wir uns inzwischen gewöhnt. Das Gruppenleben verläuft wieder harmonisch und nur hin und wieder muss jemand davon abgehalten werden, die Zutaten nach texanischem Vorbild schon vor dem Kochen aufzuessen.

Am **Punta Tombo**, südlich der **Valdez** Halbinsel, besuchen wir eine weitere Magellanpinguin-Kolonie. Diesmal zu Fuß. Bis auf Armlänge kommt man an die Vögel heran. Das scheint sie nicht sonderlich zu stören. Hoffen wir zumindest und beteuert unsere Führerin.

Die Pinguine schnattern, schlafen, putzen sich, stellen sich in die Sonne oder in den Schatten, füttern ihre Jungen oder streiten. Zwischendurch wird geschwommen oder die Nachbarschaft besucht. Pinguine sind einfach unwiderstehlich.

Zwei Eier legt jedes Paar in seine Bruthöhle. Beide Elternteile machen sich im Meer auf Nahrungssuche und versorgen die Jungen mit vorverdautem Fisch. Die Kleinen haben nichts anderes zu tun, als zu fressen, zu wachsen und ihr Gefieder zu sortieren, bis sie alt genug sind, ebenfalls hinunter ans Meer zu marschieren und einfach loszuschwimmen, als hätten sie nie etwas anderes getan.

Zwischen den Bruthöhlen weiden Guanakos. Wir sehen patagonische Füchse, die nach toten oder schwächlichen Pinguinküken Ausschau halten und treffen auf ein offenbar kurzsichtiges Gürteltier. Geschäftig rennt es direkt auf uns zu und stemmt erst kurz vor einem Zusammenstoß die Krallen in den Staub. Dann dreht es ab und verschwindet im Gebüsch.

Nach dem Besuch der Pinguin-Kolonie geht es bei ziemlich hohem Wellengang mit einem großen Zodiac auf den Atlantik hinaus. Wir suchen *Toninos*, patagonische Delfine. Sie werden nur etwa 1,50 Meter lang und sind schwarz-weiß gezeichnet wie Orcas. Diese wunderschönen eleganten Tiere lassen sich viel Zeit, bis sie uns finden. Dann liefern sie sich mit dem Schlauchboot ein Rennen. Auf den Fotos ist hinterher nicht viel zu sehen. Nur türkisblaues Wasser und Wellenkämme. Meist sind die Delfine beim Auslösen schon wieder abgetaucht. Von der Gischt durchnässt aber glücklich, die *Toninos* gesehen zu haben, kehren wir an Land zurück.

Sechsundzwanzig

Valdez: Robben und Teatime

Wir campen in Puerto Madryn, genau wie Tausende argentinische Urlauber und unzählige andere Overlander. Auf dem Campingplatz herrscht drangvolle Enge. Die Kinder finden trotzdem innerhalb von Minuten zu Simon aus Wales. Gemeinsam machen sie sich unbeliebt, weil sie beim Fußball- und Frisbee-Spielen diverse Zelte niederreißen. Die Campingplatzhunde finden zu mir.

Puerto Madryn ist eine Stadt mit 70 000 Einwohnern, die auch irgendwo am Mittelmeer liegen könnte. Hotels, Supermärkte, Boutiquen, Cafés – fast alles im Betongewand der 1970er Jahre.

Am Nachmittag ist Stromausfall. Kommt öfter vor. Keiner stört sich daran, man wartet eben. Im Internet-Café wird Kaffee getrunken, in den Läden werden batteriebetriebene Taschenrechner gezückt, weil die Registrierkassen nicht funktionieren.

Von Puerto Madryn aus fahren wir hinaus auf die *Valdez* Halbinsel, ein gigantisches und erstaunlich flaches Naturschutzgebiet. Für Walbeobachtungen ist leider nicht die richtige Jahreszeit. Wir geben uns mit etwas kleineren Tieren zufrieden. Magellanpinguine gibt es auch hier. Sie haben sich Nisthöhlen in luftiger Höhe am Rand einer Klippe gesucht. Wie sie es aus dem Wasser heraus einen zehn Meter hohen Steilhang hinauf schaffen, ist uns schleierhaft. Runter kommen sie immer. Sie purzeln mehr, als sie hopsen. Zum Glück wissen die Küken nicht, welch ein steiler Abstieg ihnen in ein paar Wochen bevorsteht. Auch die Seelöwen von Valdez haben Junge. Die sind fast schwarz und unglaublich niedlich, und sie planschen in Kleingruppen in Baby-Pools zwischen Felsen. Die liegen vor dem Strand im Wasser und fungieren als natürliche Wellenbrecher. Wohl deshalb finden sich die Seelöwen in großer Zahl hier ein. Die gewaltigen Männchen campieren mit ihrem Harem am Strand und gehen hin und wieder halbherzig aufeinander los. Ob sie dabei ein Weibchen oder ihren eigenen Nachwuchs niederwalzen, scheint ihnen gleichgültig zu sein. Anscheinend gibt es auch bei Seelöwen sogenannte Kollateralschäden.

Ein Stück weiter schlafen See-Elefanten im Kies. Die Weibchen sind groß, die Bullen sind riesig. Wir beobachten geduldig, doch über Stunden tut sich gar nichts.

Auf der Rückfahrt nach Puerto Madryn entdecken wir Maras, auch Pampahasen genannt. Sie sehen aus wie eine Kreuzung aus Reh, Hase und Känguru, sind etwa dreimal so groß wie unsere Feldhasen und sehr scheu. Rheas oder Nandus – große südamerikanische Laufvögel – und allerhand kleinere Nager leben ebenfalls in den weiten Ebenen. Mit einer ganzen Gruppe auf Fotopirsch zu gehen, ist ziemlich schwierig. Nicht jeder hat Spaß daran, Tiere still zu beobachten. Viele Reisende sind nach ein paar geknipsten Bildern hungrig oder durstig, wollen weiterfahren oder weitergehen.

Nach so viel Natur ist deshalb auch ein Kontrastprogramm angesagt. Im Jahr 1865 landete die *Mimosa* in Puerto Madryn. An Bord 153 Auswanderer aus Wales. Die Waliser bekamen von der damaligen argentinischen Regierung Land zugewiesen, das sie bewässerten und bebauten. Und sie holten ihre Familien und Freunde nach. Noch immer weisen Ortsnamen wie Trelew auf die Siedler aus Britannien hin. Wir fahren in das Dorf Gaiman, in dem die Tradition des Afternoon-Tea gepflegt wird. Eine Truppe staubiger, sonnenverbrannter Overlander sitzt bald darauf vergnügt an Tischen mit Blümchendecke, trinkt mit abgespreiztem kleinen Finger Tee und lässt sich Scones, Karottenkuchen und Gurken-Sandwiches schmecken. Sehr zur Enttäuschung unseres Reisekameraden aus Wales können die Kellnerinnen aber kein Wort Walisisch. In dieser Sprache angesprochen, ergreifen sie die Flucht und nähern sich unserem Tisch vorsichtshalber gar nicht mehr. Den Nachschub bestellen wir lieber wieder auf Spanisch.

Siebenundzwanzig

Buschcamps und Gauchos

32 Grad Celsius. Der Sommer ist zurück und wir sind in Buenos Aires, dem Paris Südamerikas, angekommen. Dieser Spitzname scheint nicht übertrieben. Buenos Aires ist weltstädtisch und besticht durch seinen Charme.

Unser Hotel mit dem klangvollen Namen liegt sehr zentral. Der Blick aus dem Fenster geht zwar hinaus auf den Lüftungsschacht. In diesem Innenstadt-Viertel fühlt man sich allerdings trotzdem wie in Paris. Alles wirkt sehr europäisch: schnell, modern, viel Art Deco. Buenos Aires erscheint uns außerdem deutlich lebendiger und weniger aufgeputzt als Santiago de Chile.

Nun warten wir darauf, dass die Wäscherei unten an der Ecke unsere Kleider wieder herausrückt, damit wir am Abend hübsch ausgehen können. In B.A. legt man Wert auf ein gepflegtes Erscheinungsbild. Wir fühlen uns ziemlich underdressed und müssen wohl noch ein paar Klamotten kaufen, um nicht unangenehm aufzufallen. Vier Nächte haben wir hier.

Die Landschaft um B.A. erinnert an Mecklenburg-Vorpommern: Überall großflächige Weiden und Felder. Die Einfahrten zu den riesigen Estancias erkennt man an kilometerlangen, schnurgeraden Alleen. Viele Angus-Rinder stehen auf den Weiden. Viele Criollos – kleine südamerikanische Arbeitspferde –, viele Vollblüter.

An zahllosen Straßenkreuzungen wehen rote Fahnen, sind kleine, blutrote Schreine aufgebaut. Neugierig halten wir an. „*Gracias, Gaucho Gil*!", heißt es auf handgeschriebenen Zetteln, Plakaten und Schildern. Gaucho Gil ist ein Volksheiliger. Den offiziellen Segen der katholischen Kirche hat er nicht. Der ehemalige Landarbeiter gilt als argentinischer Robin Hood, der sich um die Armen kümmerte. Als Deserteur wurde er auf grausamste Weise hingerichtet, wirkte vorher aber noch ein Wunder: Er prophezeite seinem Henker, dessen Sohn würde schwer erkranken und sterben. Wenn der Vater aber ihn, Gaucho Gil, um Fürsprache bitte, überlebe das Kind. Siehe da, so kam es, und deshalb wenden die Menschen sich bis heute mit ihren Nöten und Bitten an den Gaucho. Zum Dank für die Erfüllung ihrer flehentlichen Wünsche stecken die Gaucho-Gläubigen eine weitere rote Fahne zu den vielen, die bereits im argentinischen Wind wehen.

Etwas unscheinbarer aber sicher genauso verbreitet sind die Schreine der Disfunta Correa, einer jungen Mutter, die vor Jahrhunderten in der Wüste starb. Ihr kleiner Sohn überlebte, weil die Muttermilch nie versiegte. Er wurde gerettet. An den Schreinen der

Correa werden Wasserflaschen abgelegt. Oft findet man ganze Stapel ordentlich aufge-
schichteter Plastikflaschen am Straßenrand. Wer Wasser braucht – sei es zum Trinken
oder weil der Kühler kocht –, kann sich welches nehmen.

Während wir einen Gaucho-Gil-Schrein fotografieren, halten Autofahrer an und fotografieren uns.

Aus allen Richtungen rollen offene Viehtransporter zu den Schlachthöfen von B.A. Wenn
ähnliche Transporte bei uns auch so gut einsehbar wären, gäbe es vielleicht mehr Vegetarier.

Auf dem langen Weg nach B.A. ist wieder mal ein Buschcamp fällig. So nennen wir
Übernachtungen am Wegrand. Die Zelte werden dort aufgestellt, wo die Fahrt grade
endet. Dabei reicht die Bandbreite von malerischen Stränden über patagonische Berg-
seeufer bis hin zu Schotterplätzen unter Brücken. Erfahrene Overlander berichten von
einem besonders ausgefallenen Camp bei einer hell erleuchteten Maut-Station in Peru.
Pluspunkt: Sie durften das Mitarbeiterklo benutzen.

Wegen des fast überall mit Stacheldraht abgezäunten Weidelandes sind geeignete Stellen
für ein Buschcamp in Argentinien nicht leicht zu finden. Kurz vor Sonnenuntergang entdecken wir an einer Landstraße im Nirgendwo zwei einsame Gebäude. Eins davon entpuppt
sich als ein Ein-Mann-Polizeiposten mit einer kleinen Grasfläche, die man fast als Rasen
bezeichnen könnte. Ein idealer Zeltplatz. Der nette Polizist überlegt nur kurz. Wir dürfen
campieren. Dafür laden wir ihn zum Abendessen ein. Er lehnt allerdings ab. Und bitte
keine Fotos. Der Mann weiß nicht genau, was sein Vorgesetzter zu seiner eigenmächtigen
Entscheidung sagen würde und ist nicht erpicht darauf, es herauszufinden.

Während wir kochen, gesellt sich ein älteres Paar aus dem Gebäude neben der Polizei-
station zu uns. Sie hätten einen Laden, ob wir noch was bräuchten.

Nein. Eigentlich nicht.

Na dann. Wir sollten eben nach dem Essen mal vorbeischauen. Es gäbe auch Bier und
so.

Nächster Programmpunkt ist aber erst mal ein spektakulärer Sonnenuntergang, in den,
wie auf Bestellung, zwei Gauchos reiten.

Nach dem Abendessen gehen wir eher aus Höflichkeit zu dem kleinen Geschäft ein paar
Meter weiter und kehren sofort wieder um, um unsere Kameras zu holen. Das ältere Paar
betreibt einen Tante-Emma-Laden, wie es ihn bei uns seit Jahrzehnten nicht mehr gibt.
Die Ware steht ordentlich aufgereiht in hohen Regalen. Tütensuppe, Kekse, Zucker, Mehl,

Klopapier, Schnürsenkel – es gibt alles, was das Herz begehrt. Mit einer alten Handwaage werden Bohnen und Reis aus Säcken abgewogen und der Verkaufsraum ist gleichzeitig eine provisorische Kneipe. Die einzige im weiten Umkreis. Dort sitzen schnauzbärtige Männer von den benachbarten Estancias und freuen sich über so viel internationalen Besuch. Einer hat sein Pferd – Antonio – vor der Tür geparkt.

Großes Palaver, großes Hallo! Woher wir denn kämen.

Wir stellen uns vor, nennen unsere Vornamen und unser jeweiliges Heimatland. England, Wales, Schottland, USA, Australien, Holland, Dänemark, Portugal, Deutschland …

Ein Raunen. Moment!

Die Argentinier sind sich einig: Eine Deutsche in ihrer Kneipe? Völlig untragbar! Immerhin hätten die Deutschen Argentinien 2006 aus dem Worldcup gekickt. Deshalb müsse ich nun leider, leider den Raum verlassen. Allgemeine Heiterkeit.

Ich ziehe eine traurige Grimasse, lasse theatralisch die Schultern hängen und gehe zur Tür.

Moment. Alternativ könnte man mir auch ein Glas Wein spendieren – ich hätte ja wahrscheinlich nicht selbst mitgespielt.

Gemeinsam stoßen wir auf den deutschen Sieg über die argentinische Mannschaft an. Dabei habe ich keine Ahnung von Fußball.

Am nächsten Morgen gibt es ein großes Familienfoto. Der Truck wird vor dem Laden geparkt, die Ladenbesitzer und ein verbliebener Gast posieren mit der ganzen Gruppe. Wir werden mit Küssen und Umarmungen verabschiedet, als wären die älteren Leute unser aller Tante und Onkel.

Dann weiter nach B.A.. Hugo, unser portugiesischer Fahrer, steuert die alte Mühle mit heiterer Gelassenheit durch den sechsspurigen Verkehr der Stadtautobahn. Willkommen im Großstadtdschungel.

Die vier Schrankkoffer unserer ehemaligen texanischen Mitreisenden müssen wir auch abladen. Ausgerechnet heute zeigen die Autofahrer sich rücksichtsvoll. Der Monsterkoffer, den ich über die Straße ziehen muss, bleibt unverehrt, obwohl die Fußgängerampel unterwegs auf Rot springt.

Achtundzwanzig

Mehr als Tango und Maradona: Buenos Aires

Heiß und sommerlich ist es in Buenos Aires. Tag und Nacht. Wir stürzen uns ins Großstadtleben. Eine Stadtrundfahrt? Warum nicht! Erster Stopp: *Plaza de Mayo*: Regierungspalast und Kathedrale. Zweiter Stopp: Maradonas Heimatstadion, der in die Jahre gekommene Fußballtempel der *Boca Juniors*. Damit ist eigentlich schon klar, wo die Prioritäten liegen und wie die Argentinier ticken. Immer wieder werde ich auf das Deutschland-Argentinien Spiel bei der Weltmeisterschaft 2006 angesprochen. Man zeigt sich als guter und großzügiger Verlierer, denn im Grunde seien die Argentinier eben doch die besseren Kicker. Sicher.

La Boca, das Hafenviertel, in dem das Stadion liegt, hat ein paar herrlich bunte Straßenzüge zu bieten. Die Wellblechwände der Häuser sind farbig angemalt, Künstler verkaufen ihre Bilder. Aus allen Läden und Cafés klingt Tangomusik. Tanzpaare zeigen fast akrobatische Tangointerpretationen, dann schnappen sie sich die umstehenden Touristen und posieren mit ihnen für Fotos. Gegen einen kleinen Unkostenbeitrag natürlich. La Boca ist eine seltsame Mischung aus fotogener Touristenfalle und Arbeiterviertel. An den äußersten Rändern kann man die Gegend sicher ohne Übertreibung als Slum bezeichnen. Nachts muss man hier als Touristin nicht unterwegs gewesen sein.

Im Augenblick ist eine Sambatrommler-Gruppe zugange, die ihre wilden Rhythmen mit unglaublicher Lautstärke zum Besten gibt. Was erwartet uns erst in Brasilien?

Die Blicke, die die Männer uns Touristinnen und vielleicht allen Frauen in Buenos Aires zuwerfen, sind unvergleichlich. Wir fühlen uns angeschaut aber nie ausgezogen. Immer suchen die Männer Blickkontakt und sie lächeln. Es gibt keinerlei verbale Anmache, keine Respektlosigkeiten.

Allein durch die Stadt zu wandern, ist kein Problem. Dass man wie in fast allen Großstädten der Welt gewisse Viertel meidet, ist ebenfalls selbstverständlich. Buenos Aires bildet da keine Ausnahme. Mit der *Subte*, der U-Bahn, kommt man flott von A nach B. Den Rest erledigt man zu Fuß.

Die Reisegruppe ist innerhalb kürzester Zeit total versprengt. Die einen erholen sich vom Nachtleben, die anderen gehen shoppen. Einige Mädels zieht es in die trendy Boutiquen im Stadtteil Palermo. Wieder andere besuchen die Museen und natürlich Evita Peróns Grabstätte auf dem *Cementerio de la Recoleta*. Noch immer wird Evita in Argentinien verehrt wie eine Heilige. Die ehemalige First Lady war vor allem bei den Armen sehr beliebt. Um ihr Grab zu finden, muss man nur den Tourgruppen folgen, die den energischen Damen mit hoch erhobenen Regenschirmen hinterherlaufen.

Den Samstagnachmittag verbringe ich in San Telmo. Aber vorher mache ich noch einen ungewollten Abstecher in eine ziemlich ungute Gegend. Der Grund dafür ist einfach. Hin und wieder habe ich auf der Südhalbkugel gewisse Orientierungsprobleme, weil die Sonne mittags nicht im Süden steht, sondern im Norden. Deshalb gehe ich von der U-Bahn aus nicht in die beabsichtigte Richtung, sondern genau in die entgegen gesetzte. Im Reiseführer habe ich gelesen, das hübsche aber etwas heruntergekommene San Telmo Viertel sei von wenig einladenden Straßenzügen umgeben. Die Untertreibung des Jahrhunderts, denke ich mir, und wundere mich ein bisschen über die unverantwortliche Empfehlung, sich zu Fuß nach San Telmo aufzumachen. Die Häuser ringsum sind in einem beklagenswerten Zustand. Hier und da schlafen Schnapsleichen ihren Rausch aus. Sie liegen in ihrer Pisse, und dabei ist erst Samstagnachmittag. Als ein ziemlich angetrunkener Halbnackter mir seine Bierflasche hinhält, reicht es endgültig. Ich brauche eine ruhige Ecke, in der ich unauffällig den Stadtplan zücken und nachschauen kann, wo ich überhaupt gelandet bin. Erschrocken stelle ich fest, dass ich mich mit jedem Schritt weiter von meinem Ziel entfernt habe. Jetzt bloß nichts anmerken lassen, statt der doofen Touristin die coole Großstadtindianerin mimen und den geordneten Rückzug antreten. Natürlich nicht auf genau demselben Weg. Das wäre zu auffällig und ich müsste noch mal an dem Kerl mit dem Bier vorbei. Bevor ein Pulk auch nicht mehr ganz nüchterner Jugendlicher auf mich aufmerksam wird, biege ich ab und gehe zwei Parallelstraßen weiter zu der U-Bahn-Station zurück, von der ich gekommen bin. Mit festem Schritt, nicht zu schnell und sehr selbstbewusst. Zumindest äußerlich.

Mit einiger Verspätung sehe ich mir an diesem Nachmittag doch noch die Antiquitätenmärkte von San Telmo an und genieße die Stimmung auf der **Plaza Dorrego**. Argentinische Lebensart wie aus dem Bilderbuch: Straßencafés, ein kleiner Markt mit Büchern und Kunsthandwerk unter schattigen Bäumen, historische Gebäude in verblassendem Glanz. Ein paar Leute treffen sich in einer Ecke des Platzes und machen gemeinsam leise Musik. Nach jedem Solo klatschen alle. Eine kleine Oase inmitten der Großstadt.

Bars und Kneipen hat B.A. in jeder Preisklasse zu bieten, in jeder Aufmachung und mit unterschiedlichstem Publikum. Die Happy Hour geht meist bis 21:00 Uhr, und die Caipirinhas sind teuflisch gut.

In den **Parrillas**, den Fleischrestaurants, werden ganze Schafe und halbe Schweine auf offenen Grillfeuern gebraten. Hier treffen sich argentinische Familien zu Geburtstagsfesten und anderen Feiern.

Ob Fleischliebhaber oder Vegetarierin – eines lernen wir alle schnell: Bloß keine gratis Tango-Shows! Viele Restaurants versuchen, damit Kundschaft zum Abendessen anzulocken. In Buenos Aires trifft man sich dazu erst gegen 22:00 Uhr. Bei den Gratis-Shows wird zwar auch Tango geboten, aber schon nach ein, zwei Tanzeinlagen säuseln nur noch drittklassige Alleinunterhalter sentimentale Melodien in quietschende Mikros, die wiederum an schlecht ausgesteuerte, dafür aber umso lauter gestellte Verstärker angeschlossen sind. An eine normale Unterhaltung ist nicht zu denken. Man leert seinen Teller, wundert sich über den Aufschlag auf der Rechnung – Service und Entertainment! – und verlässt fluchtartig das Lokal.

Professionelle Tango-Shows mögen vergleichsweise teuer sein, doch wir sind beeindruckt. Geboten wird ein Querschnitt durch verschiedene Spielarten des Tanzes. Dann sehen wir dessen getanzte Entstehungsgeschichte. Der finstere Blick der Tänzer rührt noch aus der Zeit, in der in den Kolonien Frauenmangel herrschte. Die Männer mussten notgedrungen mit männlichen Partnern aufs Parkett. Um aber gegen jeden Verdacht der Homosexualität gefeit zu sein, durften sie einander keinesfalls schmachtend in die Augen sehen. Lieber starrte man grimmig an einander vorbei.

Die vollendeten Tanzdarbietungen heutzutage haben mehr mit Leistungssport zu tun als mit einem vergnüglichen Schwoof. Schon nach kurzer Zeit wird klar, dass wir uns hier nur blamieren können.

In den Parks zählen wir die Hunde. Diesmal sind es keine halbwilden Streuner, sondern Rassehunde, die von professionellen Dog-Walkers ausgeführt werden. Rekordhalter wird ein Teenager, der fünfzehn artige Vierbeiner gleichzeitig an fünfzehn wohl sortierten Leinen führt. Ein hundefreier Park im Nordosten des Stadtteils Palermo ist fest in der Hand der Katzen. Zu Dutzenden liegen sie auf den Bänken und zwischen den Büschen. Die Anwohner haben ihre Lieblinge und bringen ihnen Futter.

Auffallend ist auch, dass in vielen Stadtvierteln alle paar Schritte ein Mülleimer hängt. Oft statten die Bewohner selbst ihr *Barrio* damit aus. Und nachts kommen die Müllsortierer. Sie bestreiten ihren Lebensunterhalt, indem sie den Abfall durchsuchen und Verwertbares verkaufen. Meist sind sie mit abenteuerlich überladenen Gefährten unterwegs, aber das System scheint zu funktionieren.

Und die viel beschworene argentinische Arroganz? Fehlanzeige. In anderen Gegenden Argentiniens hatte man uns von der Hochnäsigkeit der eleganten *Portenos*, der Bewohner von B.A., erzählt. Wir sind inzwischen auch halbwegs gut angezogen und finden die *Portenos* ziemlich nett.

Fast alle, außer den Mann auf dem Postamt. Der lässt mich das Paket, das ich nach Hause schicken will, dreimal neu packen. Erst dann ist er zufrieden.

Nein, gebrauchte Kleider können nicht verschickt werden. Also behalte ich den Fleece-Pullover da.

Zwei Kilo dürfen auf keinen Fall überschritten werden, sonst ist das Paket Sperrgut und muss in einem anderen Postamt aufgegeben werden. Also packe ich ein paar Kleinigkeiten wieder aus.

Wenn wir das Paket jetzt aber zukleben und die Formulare draufpappen, wiegt es zwei Kilo und zwölf Gramm.

Nein, wir können keine Ausnahme machen. Auspacken! Diesmal dauert der Versand immerhin nur eine Dreiviertelstunde.

Die Zeit vergeht schnell in Buenos Aires. Und schon wieder verabschieden wir uns von einigen Mitreisenden. Die meisten bleiben noch ein paar Tage in der Stadt und fast alle anderen wollen wiederkommen.

Bei unserer Abfahrt aus B.A. ziehen dicke Regenwolken auf. Das Brachgelände zwischen Bahnschienen, das wir auf der Fahrt nach Nordwesten überqueren, ist mit Hütten aus Wellblech und Plastikplanen bebaut.

Neunundzwanzig

Kaimane, Kröten, Capibaras

Wir übernachten in einem rustikalen Camp am **Rio Uruguay**, dem Grenzfluss zwischen Argentinien und Uruguay. Hier verbringen viele argentinische Familien das Wochenende oder machen Urlaub. Dass es anstelle einer funktionierenden Damentoilette auf dem gut besuchten Platz nur ein einziges dreckiges Loch im Boden gibt, scheint niemanden zu stören.

Die argentinischen Nachbarn wollen wissen, wie uns ihr Land gefällt. Unsere Lobgesänge bringen uns viel freundschaftliches Schulterklopfen ein.

Nachts durchweicht ein heftiger Regenguss alle nachlässig abgespannten Zelte. Im Februar ist hier Regenzeit. Eindeutig.

Durch Dauerregen fahren wir auch weiter nach Norden. In Mercedes, dem Heimatort von Gaucho Gil, sind wir mit einigen anderen Overland Trucks verabredet, weil von dort aus eine unbefestigte Piste in ein geschütztes Sumpfgebiet führt. **Reserva Provincial Esteros del Iberá** heißt es. Wegen der Regenfälle wollen wir im Konvoi fahren, um uns notfalls gegenseitig aus dem Schlamm ziehen zu können. Die Straße ist aber besser als angenommen. Zwei Stunden lang tuckern wir durch Grasland voller Rinder und Pferde. Gauchos reiten in Gruppen am Straßenrand entlang, Schwärme kleiner, gelbgrüner Papageien zischen an uns vorbei.

Dann erreichen wir eine große blaue Lagune und eine weitläufige Siedlung mit einem hübschen Camp: Wir sind in **Colonia Carlos Pelegrini**. Das Dorf hat angeblich 900 Einwohner. Sie wohnen an schlammigen Straßen aber auch weit verstreut im argentinischen Busch. Die Erde ist hier so rot wie in vielen Teilen Afrikas oder Australiens.

Das Wasser der Lagune ist wunderbar warm. „**No swimming**!", sagt der Campingplatzbesitzer, als wir die Schuhe ausziehen, und nuckelt wieder an dem Blechhalm, der in seinem Matetee-Becher steckt. Den Grund für das Verbot bekommen wir bald zu sehen: Kaimane. Sie werden etwa 2,5 Meter lang und fressen angeblich nur Fische. Und kleinere Touristen. Gefährlicher als diese Krokodile sind beißwütige Piranhas. Man sieht sie nicht auf den ersten Blick, aber sie fressen – und das testen wir erfolgreich – Fleischreste, Salami und Butterbrot. Sechs der hässlichen platten Fische landen abends auf dem Grill. Wir beschließen, sie in Zukunft wieder den Kaimanen zu überlassen. Zu viele Gräten, zu wenig Fleisch.

Nachts hüpfen Kröten in der Größe von Yorkshire Terriern auf der Suche nach Insekten durchs Gras. Sie fühlen sich nicht schleimig sondern ledrig an, sind nur ein bisschen kalt. Und sie fressen alle Motten und Käfer, die wir ihnen hinhalten.

Die Dusche befindet sich in einer halb offenen Hütte. Warmes Wasser gibt es nicht, aber daran haben wir uns inzwischen gewöhnt. In allen Ecken kleben kleine Frösche, die dankenswerter Weise Jagd auf die die zahlreich vorhandenen Moskitos machen.

Aber das allerschönste Tier ist das fast zahme Capibara, das abends zwischen unseren Zelten grast. Es sieht aus wie ein Biber auf langen Beinen, oder wie ein überdimensioniertes hochbeiniges Meerschweinchen. Das Capibara ist etwa so groß wie ein Rottweiler und damit das größte Nagetier der Welt. Manche finden, es ähnele einem langhaarigen Schwein und überlegen, wie es wohl schmeckt. Mich fasziniert die friedvolle Ausstrahlung dieses Wesens. Es schwimmt hervorragend und hockt gern im Schlamm, frisst Gras und Wasserpflanzen, verhält sich ruhig und unauffällig und ist einfach hübsch anzusehen. Die ganze Nacht wandert es um die Zelte. Weil wir das Ohr nahe am Boden haben, klingen die Geräusche, die es beim Grasrupfen macht, bedrohlich laut.

Die Campingplatzhunde lassen das Capibara seltsamer Weise in Ruhe. Ist es etwa wehrhafter, als es aussieht? Von den Kröten wollen die Hunde auch nichts wissen. Bestimmt gibt es Gründe.

Am nächsten Morgen unternehmen wir eine Bootsfahrt in die Sümpfe. Wir sehen viele große schwimmende Inseln. Die niederen Büsche darauf blühen gelb und violett. Kaimane lauern zwischen den Wasserpflanzen, Störche staksen umher. Es gibt zahllose Arten von Wasservögeln, es gibt Reiher, Hirsche und noch mehr Capibaras.

Nachmittags stürzen wir uns in den Pool einer nahegelegenen Lodge. Bei der drückenden Hitze tut eine Abkühlung gut. Vom Becken aus sehen wir den Vögeln zu und können beobachten, wie sich eine riesige Wolkenwand auftürmt.

Als der Tropensturm losbricht, haben wir erst die halbe Strecke zum Camp zurückgelegt. Von einer Minute zur anderen peitscht der Wind. Er biegt die Bäume und zerzaust die Palmen. Der Himmel öffnet alle Schleusen. Nicht Regentropfen sondern ganze Flüsse stürzen herab. Total durchnässt helfen wir beim Sichern der Zelte und halten dann besorgt Ausschau nach den Unglücklichen, die grade mit dem Boot unterwegs sind. Aus der flachen blauen Lagune ist ein tobendes Meer geworden.

Erst eine ganze Weile nach dem Sturm kommen die Bootsausflügler zurück. Sie sind abgetrieben worden, nass bis auf die Knochen aber gut gelaunt.

Der Sturm dauert nur eine Dreiviertelstunde. Dann lacht die Sonne wieder vom Himmel, als sei nichts gewesen. Die Kröten hüpfen aus ihren Verstecken, das Capibara schüttelt sich.

Abends unternimmt eine kleine Gruppe einen Ausritt ums Dorf. Die Criollo-Pferde sind durch nichts zu erschüttern. Sie sehen ganz ordentlich aus, aber im Gegensatz zu den Pferden zuhause sind sie weder zutraulich noch neugierig. Sie tun eben ihre Arbeit und wollen ansonsten in Ruhe gelassen werden.

Dreißig

Schmuddelkinder

Der folgende Tag ist kein Tag wie jeder andere. Drei Trucks brechen im Viertelstundentakt nach Nordosten auf, Richtung *Iguazu Fälle*. Die unbefestigte Piste ist vom vielen Regen ziemlich aufgeweicht. Wir sitzen in Wagen Nummer Drei, weil Hugo in einer anderen Liga fährt als die anderen Fahrer und es deshalb sinnlos ist, ihn voraus zu schicken. Wo er noch locker durchkommt, bleiben andere längst stecken.

Nach einer halben Stunde sehen wir Truck Nummer Zwei diagonal zur Fahrtrichtung stehen. Festgefahren. Er versperrt allerdings nur die Sicht auf Truck Nummer Eins, der dreihundert Meter weiter quer zur Fahrtrichtung mit den Hinterrädern im Graben hängt. Der Fahrer von Nummer Zwei flucht. Wegen Nummer Eins musste er bremsen, sonst hätte er die Spur halten können, meint er.

Erstmal muss Truck Zwei aus dem Weg geschafft werden: Schaufeln und Sandschienen werden verteilt. Noch etwas zögerlich packen wir zu, versinken sofort bis über die Waden im roten Schlamm der völlig durchweichten Piste. Zwei langwierige Anläufe, dann steht Truck Zwei wieder auf festem Boden. Als nächstes zieht Hugo auf unseren Truck Schlammketten auf. Klingt einfach, ist aber kompliziert. Denn unter den Truckboden sind Blechkisten geschraubt, in denen sich allerhand schweres Gerät befindet. Die müssen nun weg, sonst drehen die kettenbewehrten Reifen sich nicht mehr, weil die Kisten zu nahe an den Rädern hängen. Es ist heiß, der Schweiß läuft in Strömen und hinterlässt helle Rinnsale auf der schlammverkrusteten Haut. Fast alle packen mit an.

An Truck Zwei vorbei fährt Hugo schließlich zu Truck Eins – dem mit den Hinterrädern im Graben. Leider kann unser sonst so begnadeter Fahrer dabei nicht die Ideallinie einhalten, denn die versperrt der gestrandete Truck. Hugo muss durch eine tiefe Stelle neben der Piste. Eine Kette springt ab, unser Truck rutscht mit einem Hinterrad in ein Loch, das sich gefährlich nahe am gefährlich tiefen, wassergefüllten Straßengraben befindet. Kollektives Aufstöhnen. Geschichten machen die Runde. Sie handeln von gigantischen Anakondas, die im Unterholz hausen, von Overland-Reisegruppen, die angeblich viele Tage lang festsaßen, von Passagieren, die stoisch am Straßenrand zelteten, von rationierten Vorräten und verpassten Heimflügen. Inzwischen sind wir allerdings schon etwas geübter im Umgang mit Schaufeln und Sandschienen. Und wir nehmen an, dass sämtliche Anacondas, die angeblich den Straßengraben bevölkern, längst das Weite gesucht haben. Mühsam bringen wir den Truck wieder auf Kurs. Zwischendurch müssen wir ihn an den quer stehenden

Truck Nummer Eins anketten, damit er nicht abrutscht und endgültig im Wassergraben landet. Als Hugo endlich wieder halbwegs festen Boden unter sämtlichen Rädern hat, fährt er vorsichtig zu Truck Eins und schleppt ihn erfolgreich aus dem Graben.

Zwischendurch müssen wir immer wieder Argentinier ausgraben, die sich mit ihren Pickups vor allem deshalb festfahren, weil wir mit unsern Trucks die Piste blockieren. Die Leute sind nicht sehr amüsiert. Die durchdrehenden Reifen der Trucks und unsere Wühlaktionen haben ihre Landstraße in einen frisch gepflügten Acker verwandelt. Insgesamt dauert die ganze Plackerei etwas mehr als drei Stunden und am Ende sehen wir alle aus wie Wildschweine frisch aus einer Suhle. Zwischendurch werde ich zu Fuß voraus geschickt, um den Zustand der Piste im weiteren Verlauf zu erkunden. Viel Ahnung habe ich von solchen Dingen nicht, aber ich denke, wenn wir auf der Ideallinie bleiben, stehen die Aussichten durchzukommen nicht schlecht. Sobald wir allerdings ausweichen müssen, sehe ich Probleme. Einmal stolpere ich fast über eine kleine Schlange, die auf der Piste in der Sonne döst. Anstatt zu flüchten, richtet sich der Winzling auf und zischt mich an. Nach dem ersten Schreck muss ich über so viel Selbstbewusstsein lachen, trete aber trotzdem respektvoll zurück. Ich werfe Holzstückchen neben das zischende Tier, bis es sich endlich entschließt, sich ins Gebüsch zu schlängeln.

Festgefahren in Argentinien

99

Ein Truck kehrt um. Zwei fahren auf dem eingeschlagenen Weg weiter. Hugo voran, Truck Eins folgt. Zum Glück haben wir keinen Gegenverkehr. Weshalb das so ist, sehen wir am Ende der Strecke: Ein Sattelzug mit Anhänger ist in den Graben gerutscht und hat die Durchfahrt für alle blockiert. Doch inzwischen ist der Boden so weit abgetrocknet, dass wir es wagen können, den Sattelzug zu umfahren. Der Fahrer sitzt daneben auf einem Klappstuhl und winkt uns mit einem schiefen Grinsen zu. Offenbar braucht er von uns keine Hilfe.

Der Wegabschnitt, den wir in drei Stunden bewältigen wollten, dauert an diesem Tag sieben. Danach geht es auf einer geteerten Straße weiter nach San Ignacio. Dort werden wir auf einem luxuriös ausgestatteten Campingplatz abgewiesen. Es bleibt uns nichts anderes übrig: Wir nächtigen auf einer Wiese hinter einer Tankstelle. Romantisch. Wenigstens sind wir hier willkommen, können sogar duschen und uns am nächsten Morgen einen Kaffee holen.

Einunddreißig

Iguazú

Ein Wasserfall ist ein Wasserfall? Gilt nicht für **Iguazú**. Auf einer Länge von etwa zweiein-halb Kilometern stürzt der von der Regenzeit angeschwollene **Rio Iguazú** an der Grenze zwischen Argentinien und Brasilien 60 Meter in die Tiefe. Man spricht von 275 einzelnen Fällen, in die der Fluss sich teilt. Wer sie gezählt hat und wie, bleibt rätselhaft.

Die kleine argentinische Grenzstadt Puerto Iguazú dampft in der schwülen Tropenhitze. Zum ersten Mal erleben wir mürrische Argentinier, denen Touristen eher lästig zu sein scheinen.

Iguazu-Fälle an der argentinisch-brasilianischen Grenze

Von der Stadt bis zu den Fällen kommt man mit dem Linienbus. Zu Fuß, mit einer kleinen Bahn und wieder zu Fuß geht es innerhalb des **Parque Nacional Iguazú** zu verschiedenen Aussichtspunkten, von denen aus die Fälle mal als Weitwinkelpanorama, mal ganz aus der Nähe bewundert werden können. Täglich schleust man Tausende Touristen ziemlich effizient durch den Park. Der Bootsverkehr zur **Isla Grande San Martin** gleich unterhalb der Fälle ist leider grade eingestellt. Wegen Hochwasser. Umso beeindruckender sind die Fälle selbst. Mit ungeheurem Getöse und unbändiger Kraft stürzt das bräunliche Flusswasser in die Tiefe. Die Gischt sprüht, die Sonne zaubert Regenbogen. Von den Holz- und Blechstegen aus bieten sich immer wieder neue Blicke auf das tobende Wasser und den tiefgrünen umgebenden Wald. Besonders fasziniert bin ich vom Teufelsrachen, dem *Garganta del Diablo*. Hier führt ein Steg fast genau an der hufeisenförmigen Abbruchkante der Fälle entlang in ein Halbrund aus brüllenden Wassermassen. Der Steg vibriert, die tropenwarme Gischt durchnässt die ehrfürchtig staunenden Touristen. Jeder will ganz vorn am Geländer stehen und gebannt in das schäumende Wasser starren. Fotografen mit Trittleitern hetzen herum, um den denkwürdigen Augenblick fürs argentinische Familienalbum zu verewigen. Als ich mich endlich bis ganz nach vorn durchgeschlängelt habe, spüre ich trotz des Getümmels ringsum den fast unwiderstehlichen Sog des stürzenden Wassers.

Nach so viel unfassbarer Kraft und Größe ist man hinterher fast dankbar für die kleineren Wunder am Wegrand. Scharen bunter Schmetterlinge schweben um die Besucher, lassen sich auf Köpfen und Schultern nieder wie lebende Schmuckstücke. An einer seichten Pfütze sammeln sich Hunderte dieser zarten Geschöpfe, bilden eine zuckende gelbschwarze Wolke. Daneben schieben sich metergroße Echsen züngelnd durchs Gebüsch und scheinen reglos für Fotos zu posieren.

Einige Mitreisende lassen sich mit Schnellbooten direkt unter die Fälle fahren – dem Gekreische nach ein großer Spaß.

Hätten wir noch einen Tag länger Zeit, dann könnten wir zu abgelegeneren Stellen innerhalb des Parks wandern und sogar zu einer Schwimmstelle gelangen. Doch wir fahren abends bereits zur Grenze und wechseln von Argentinien nach Brasilien. Von Spanisch zu Portugiesisch. Wieder Formulare, wieder eine andere Währung. Die brasilianischen Geldscheine sind schön. Sie zeigen die Tierwelt des Landes. An langes Warten an den Grenzen gewohnt, sind wir fast schockiert darüber, wie schnell und lässig wir abgefertigt werden.

Der Abschied von Argentinien fällt schwer. Und Brasilien hat unter Reisenden nicht den besten Ruf. Auch wir haben die Storys von Diebstählen und Überfällen gehört.

Abends prasselt wieder der Tropenregen auf unsere Zelte. Tourgruppen und Individualreisende drängen sich am Pool auf dem Campingplatz eines Hostels. Caipirinhas im Regen.

Am nächsten Morgen: Dieselben Fälle, eine andere Perspektive. Auch hier auf der brasilianischen Seite ist man auf Touristenmassen eingestellt, arbeitet schnell und effektiv. Im Nationalpark werden wir im Shuttle-Bus in vielen Sprachen vor den gefräßigen Coatis gewarnt. Bei uns nennt man diese hübschen, waschbärenähnlichen Tiere mit dem geringelte Schwanz und dem Raubtiergebiss Nasenbären. Ein australisches Paar, dem wir ebenfalls eine gewisse Gefräßigkeit attestieren – am Morgen hatten die beiden vergeblich versucht, die im Frühstücksraum als Dekoration aufgestellten Kunststoffcroissants aufzuessen – hört mal wieder nicht zu. Kaum steigen wir aus dem Bus, schon stellen die beiden ihre hübsch in Plastiktüten verpackten Habseligkeiten auf dem Boden ab. Es muss wohl das Rascheln gewesen sein. Jedenfalls bricht in Sekundenschnelle eine Horde Coatis aus dem Gebüsch. Fünfzehn bis zwanzig Tiere stürzen sich knurrend und keifend auf die Plastiktüten und machen kurzen Prozess. Die Fetzen fliegen und flink sausen die Räuber mit ihrer Beute davon. Das vom Frühstücksbuffet abgezweigte Lunchpaket verschwindet ebenso im Gebüsch wie die Sonnencreme. Geistesgegenwärtig drücken einige schadenfrohe Umstehende auf die Auslöser ihrer Kameras. Gebissen werden will niemand. Deshalb greift keiner ein. Die Coatis bleiben Sieger.

Noch einmal bewundern wir die Fälle aus verschiedenen Perspektiven in relativer Ruhe. Heute ist der Himmel verhangen. Die allgegenwärtigen Hubschrauber bleiben am Boden. Keine Rundflüge bei dem Wetter.
Und wieder suchen wir nach den gewaltigen Fällen den Kontrast – eine überschaubarere, besser fassbare Schönheit. Nach einigem Zögern besuchen wir den nahe gelegenen Vogelpark. Er scheint recht professionell geführt, die Vögel machen einen gesunden Eindruck. Es gibt halbwegs große Käfige aber auch Volieren mit Platz zum Fliegen. In einer dieser Volieren lauern große Aras auf die Besucher. Papageien wollen unterhalten sein, nichts ist vor ihren beeindruckenden Schnäbeln sicher. Kein Reißverschluss, kein Schnürsenkel und schon gar keine Kamera.
Publikumslieblinge sind die Tukane mit ihrem schwarzen Gefieder, den bunten Gesichtern und den überproportional großen Schnäbeln. Sie scheinen die Bewunderung zu genießen und regelrecht für die Kameras zu posieren. Fast unbeachtet liefern sich am Boden zwei Schildkrötenmännchen einen Revierkampf. Sie nehmen Anlauf, ziehen die Köpfe ein und marschieren dann erstaunlich schnell auf einander los. Peng! Die Panzer knallen an einander. Es geht offenbar darum, den Kontrahenten wegzudrücken oder auf den Rücken zu werfen. Der Größere schafft es schließlich, den Kleineren aufs Kreuz zu legen. Hilflos zappelnd bleibt der zurück. Natürlich können wir sein verzweifeltes Gestrampel nicht

lange mit ansehen und drehen ihn um. Erstaunt sehen wir mit an, wie er sofort die Verfolgung des Gegners aufnimmt. Bald geht der Kampf mit unverminderter Härte weiter. Kurz vor dem Ausgang der Anlage stehen die freiwilligen Helfer und Helferinnen des Vogelparks. Sie bitten um Spenden und wollen die Besucher näher mit der hiesigen Tierwelt bekannt machen. Wer möchte, darf eine zehn Monate alte Boa Constrictor streicheln. Oder sie sich auf den Arm legen. Ich will. Die etwa 60 Zentimeter lange, wunderschön gemusterte Würgeschlange schmiegt sich an meinen Unterarm. Ich kann sogar ihren Herzschlag spüren. Aber am meisten überrascht mich ihr kräftiger Raubtiergeruch.

Zweiunddreißig

Karibikfeeling in Parati

„Oi", sagt der Brasilianer zur Begrüßung. Wenigstens ein Wort, das ich verstehen und mit ziemlicher Sicherheit richtig aussprechen kann. Die Sprachbarriere ist frustrierend. Nachdem mein Touri-Spanisch wenigstens für Einkäufe, Erkundigungen und kurze Unterhaltungen taugte, stehe ich nun wieder ganz am Anfang. Portugiesisch zu lesen, ist nicht mal so schwer. Aber wehe, wenn jemand den Mund aufmacht. Die Aussprache hat mit dem Wort, das irgendwo geschrieben steht, in meinen Ohren oft nicht das Geringste zu tun.
Einziger Trost: Ich bin mit meinem Problem nicht allein. Hugo, aufgewachsen in Portugal, Muttersprache Portugiesisch, hat ein denkwürdiges Erlebnis. Telefonisch möchte er bei einem Tourorganisator in Parati einen Bootstrip reservieren. Immer wieder muss er sein Anliegen wiederholen. So richtig weiter kommt er nicht. Betont laut und langsam erklärt Hugo noch einmal auf Portugiesisch, dass er einen Ausflug buchen möchte. Die Antwort des Brasilianers: „Hören Sie, Ihr Spanisch ist ja nicht schlecht. Aber vielleicht sollten wir's besser mit Englisch versuchen."

Der Südosten Brasiliens ist sehr grün. Überall Bananenplantagen, Ananasfelder, viele Dörfer und Städte. Flüsse spülen nach den kräftigen Regengüssen die rote Erde fort. Feucht, heiß, bunt und laut ist es hier. Aber auch ziemlich schmutzig und schäbig. Immer wieder überrascht uns die unmittelbare Nachbarschaft von Favelas und Nobelvierteln. Die Preise sind fast wie zuhause. Vor allem Benzin ist sündhaft teuer. Wie können die Leute sich das Leben hier überhaupt leisten?
Wir alle haben Klischees über Brasilien im Kopf, halten Ausschau nach schönen Frauen. Unter den jüngeren entdecken wir tatsächlich viele, die ohne weiteres als Model Karriere machen könnten. Viele Männer – auch welche um die Zwanzig – schieben dagegen ein kleines Bierbäuchlein vor sich her. Brasilianer lieben die Gemütlichkeit und ihre Bierchen, meint Urmel aus Sao Paulo. Und das würde man sehen.
Sao Paulo umfahren wir weiträumig. Die Stadtabenteuer heben wir uns für Rio auf. Der Verkehr ist trotzdem mörderisch. Bei Sao Sebastiao campen wir am Atlantik. Traumhafte Sandstrände, wilde Brandung und ekelhaft schmutziges Wasser. Zum Teil ist es braun von der Erde, die die Flüsse ins Meer schwemmen. Aber nicht ausschließlich. Wir haben den Eindruck, dass vieles, was hier das Wasser dunkel färbt, vorher mal in Sao Paulo durch die

offene Kanalisation lief. Fluchtartig verlassen wir das viel zu warme Meer, stürzen unter die kalte Dusche auf dem Campingplatz und hoffen, dass Spätfolgen ausbleiben.

Ein harmloseres Vergnügen als unter diesen Bedingungen zu schwimmen, ist Fußball am Strand.

Von einem langen Fahrtag ziemlich verbogen, stürze ich mich in das erste Fußballspiel meines Lebens. Ballkontakte gibt es zum Glück wenige, aber foulen oder Leute, die gerade im Begriff sind, den Ball zu treten, wegdrängen, kann ich ganz gut. Interessant ist, welche Eigendynamik das Spiel entwickelt. Dass Brasilianer einem Fußball nicht widerstehen können, mag ebenfalls ein Klischee sein. Aber unten am Strand spielen tatsächlich alle mit. Vorbeischlendernde dickliche Matronen in atemberaubend knappen Bikinis treten den Ball gekonnt zurück. Genauso wie die kleinen Jungs und Mädchen, die alle gern für ein paar Minuten mitmischen und drauflos ballern, egal auf welches Tor. Selbst ein Strandhund legt ein gekonntes Dribbling hin. Nur mit dem Zuspiel hapert es. Den Ball will er nicht mehr abgeben. Ein Teamplayer ist er nicht.

Die Orte, durch die wir fahren, bieten wenig fürs Auge. Niedere, oft ziemlich heruntergekommene Gebäude, manchmal Hochhäuser aus den 60er Jahren. Breite geteerte Durchgangsstraßen, viele Tankstellen. Scheinbar systemlos reihen sich Siedlungen aneinander. Was tun die Menschen hier? Wovon leben sie?

In unseren Augen schön ist erst wieder das Städtchen Parati. Eingebettet in dicht bewaldetes Bergland liegt es am Atlantik. Viele Häuser und Kirchen wurden im achtzehnten Jahrhundert errichtet, die Innenstadt ist mit großen, unregelmäßig gewölbten Steinplatten gepflastert und autofrei. Alle Geschäfte dort werden mit Pferdewagen beliefert, die Hauswände strahlen blütenweiß, Fensterrahmen und Türen sind bunt angemalt. In der für Touristen herausgeputzten Altstadt scheint die Zeit still zu stehen. Eher lebhaft geht es dagegen auf der Hauptstraße des Ortes zu. Hier gibt es Läden, Restaurants, Friseurgeschäfte und Internet-Cafés, die allerdings unter den regelmäßigen Stromausfällen leiden. Viele junge Leute sprechen Englisch und sind stolz darauf. Sie unterhalten sich gern mit den Touristen aus aller Welt, geben Tipps für Ausflüge und Besichtigungen und stellen Fragen.

Wunderschön ist der Hafen. Bunt angestrichene hölzerne Boote in allen Größen liegen zwischen Ausflugskuttern, die die Touristen hinaus zu den Inseln bringen. Hinter dem Hafen erhebt sich die Kulisse der historischen Altstadt. Die prächtigen alten Gebäude werden hier nicht von Hochhäusern sondern von Palmen überragt.

Immer wieder ballen sich Wolkengebirge zusammen, gehen tropische Regengüsse nieder.

Ich gewöhne mir an, unter dem T-Shirt ein Bikinioberteil zu tragen, um nicht andauernd auszusehen, als wolle ich bei einem Wet-T-Shirt-Contest antreten. Dazu schnell trocknende Shorts und Flip-Flops. Die brasilianische Uniform. Die trägt fast jeder. Man wird nass, man trocknet und wird wieder nass. Und gäbe es die Flip-Flops nicht, so würden wohl neun von zehn Brasilianern barfuß dastehen.

Ein Bootsausflug führt uns zu lauschigen Badestellen. Hier ist das Wasser türkisblau, erstaunlich kühl und klar. Bunte Fische umschwärmen uns und nuckeln an unseren Beinen. Auf den Felsen der vielen kleinen Inseln vor dem Festland toben Äffchen. Baccardi-Feeling kommt auf.

Am späten Nachmittag flüchte ich vor dem Regen in ein halboffenes Restaurant am Strand. Besser als auf dem Campingplatz unter einer triefenden Plane zu hocken. Leise Reggae-Musik plätschert aus den Lautsprechern. Eine Brise lässt die Palmwedel rascheln. Draußen rauscht das Meer. Das Schilfdach hält den Regen ab. Bob Marleys Musik passt ganz gut hierher.

Am Abend trommeln sich überall die Samba-Bands warm. In ein paar Tagen ist Karneval. Der Rhythmus lässt die Hüften fast von alleine schwingen.

Ich übe Portugiesisch. „Ja, Nein, Bitte, Danke, Wo ist …?, Klo, Postamt". Mehr bekomme ich noch nicht zusammen.

Auf dem Campingplatz treffen immer mehr Overland Trucks ein. Alle wollen zum Karneval nach Rio. Und immer wieder begegnet man denselben Reisenden. Wie verführerisch einfach, in dieser Subkultur mitzutreiben, die Tage gemeinsam am Strand zu verdösen, die Nächte in Cafés und Kneipen oder auf dem Nachtmarkt hinter der größten Kirche von Parati in Caipirinhas oder Pina Colada zu ertränken. Dabei werden Reiseabenteuer zum Besten gegeben und es wird getratscht. Wer mit wem? Wann, wo und wie oft? Welche Gesellschaft hat die besseren Trucks? Welche bietet die interessantere Route? Gelegentlich macht das Spaß. Doch ich merke, wie mir dieser Traveller-Sumpf immer öfter auf die Nerven geht.

Am Freitag beginnt der kollektive Aufbruch nach Rio. Wieder einmal frage ich mich, warum sich in Südamerika überhaupt jemand die Mühe macht, zwei durchgezogene gelbe Striche auf die Straße zu pinseln. Vom Überholen an den unübersichtlichsten Stellen hält das jedenfalls niemanden ab. Manchmal entsteht eher der Eindruck, als ob die beiden Linien als Herausforderung zu besonders mörderischen Manövern betrachtet werden. Etwa zehn Kilometer vor Rio hält die Polizei uns an. Anders als sonst schafft Hugo es diesmal nicht, die Beamten mit seinem mediterranen Charme zu bezirzen und zum Lachen zu bringen. Polizist sein in Brasilien, ist sicher kein Zuckerschlecken. Die bierernsten Uniformierten kontrollieren nur die Gepäckstücke der männlichen Reisenden. Nach Waffen und Drogen suchen sie. Ich hoffe still, dass die Jungs, die nicht bloß normale Zigaretten rauchen, nicht so blöd waren, irgendwelche illegalen Substanzen mit auf den Truck zu nehmen. Beklommene Stille. Doch es wird nichts gefunden und nichts passiert.

Karneval in Rio. Wir freuen uns und wir sind aufgeregt. Von unserem Truck, dem ich die lange Strecke anfangs nicht zugetraut hatte, von den meisten Mitreisenden aber auch von Hugo und Zoe werden wir uns in Rio verabschieden. Hugo wechselt auf eine andere Route, Zoe macht Heimaturlaub in England. Nach den vielen gemeinsam verbrachten Wochen betrachten wir uns gegenseitig fast als Familienmitglieder. Mit gemischten Gefühlen geht es der großen Stadt entgegen.

Verkäufer am Atlantik in Brasilien

Dreiunddreißig

Von oben, von unten, hautnah: Rio

Von oben betrachtet ist Rio de Janeiro mit seinen etwa sieben Millionen Einwohnern tatsächlich eine der schönsten Städte der Welt. Von oben, das heißt von der Christus-statue auf dem **Corcovado** (710 m über N. N.) oder auch vom **Pao de Acucar**, dem fast 400 Meter hohen Zuckerhut aus. Vorn der tiefblaue Atlantik, in den spitze Felsnasen ragen. In zahllosen Hafenbecken dümpeln weiße Jachten. Goldgelb schimmert der Sand der sichelförmigen Buchten, an die sich die einzelnen Viertel der Großstadt schmiegen. Wolkenkratzer und Kolonialbauten erstrecken sich bis an den Fuß der steilen Granithügel des Hinterlandes. Der bräunliche Stein ist von wildem Wald umwuchert, dessen grüne Tentakel bis in das Häusermeer vordringen. Von oben sehen selbst die Favelas an den Steilhängen aus wie spanische oder italienische Bergdörfer. Jede Kopfdrehung bietet neue

Blick auf Rio de Janeiro vom Zuckerhut aus

Ausblicke und Eindrücke, und hoch über dem Zuckerhut ziehen Fregattvögel ihre Kreise. Mit ihren kantigen Flügeln und der schlanken Silhouette erinnern sie an Flugsaurier. Vielleicht sollten wir uns diesen atemberaubend schönen Eindruck von Rio bewahren, einfach wieder in den Truck steigen und davon fahren.

Am Freitagmittag sind wir von Süden aus in dichtem Verkehr in die Stadt gefahren. Aber fast noch mehr war auf den Gegenfahrbahnen los: *Cariocas*, die Bewohner Rios, auf der Massenflucht vor dem Karneval. Das kann man ihnen wohl nicht verübeln. Wenn in Rio die Touristenmassen einfallen und die Preise in den Himmel schießen, leidet die Begeisterung mancher Alteingesessener für das närrische Treiben.

Wieder werden vor allem Trucks mit ausländischen Kennzeichen von der Polizei an den Straßenrand gelotst. Diesmal kommen wir zwar unbehelligt durch, doch weil Hugo im Rückspiegel nach einem gestoppten Kollegen Ausschau hält, nimmt er prompt die falsche Abfahrt. Im Nu befinden wir uns auf einem imposanten Brückenbauwerk und sind auf dem Weg in die Stadt Niterói auf der anderen Seite der Bucht. Von der Brücke aus bieten sich unvergleichliche Blicke auf Rio und die dahinter liegenden Felsenhügel. Leider gibt es keine Haltebuchten, wo man parken und fotografieren könnte.

Mit einiger Verspätung treffen wir am Nachmittag in unserem Hotel in Flamengo ein. Das Thermometer zeigt 36 Grad, die Klimaanlage in dem Zweibettzimmer, das ich mit einer Kanadierin teile, ist kaputt.

Normalerweise würde mir das nichts ausmachen. Im Gegenteil: Ich hasse Klimaanlagen. Aber selbst bei weit geöffnetem Fenster steht die Luft in unserem Zimmer und scheint mit jedem Atemzug feuchter zu werden.

Das Flamengo Viertel macht einen vertrauenerweckenden, freundlichen Eindruck. Es gibt Geschäfte, Restaurants und Wäschereien. Die haben nur den einen Fehler: Sie sind über die Karnevalstage geschlossen. Einige Reisende registrieren das zu spät, geben ihre Wäsche ab und müssen nun erst mal Klamotten kaufen gehen.

Am Abend machen wir uns in einer kleinen Gruppe auf die Suche nach dem Karnevalstreiben. Mit der U-Bahn fahren wir nach Copacabana. Aus der Nähe betrachtet wirkt Rio auf mich enttäuschend schäbig und abgewohnt, zeigen sich die *Cariocas* selbst hier im Nobelviertel wenig glamourös. Vielleicht habe ich zu sehr das Rio aus den James Bond Filmen im Kopf. Schmuddelige Cafés mit billigen Plastikstühlen kommen in diesen Action-Streifen nicht vor.

In einer Bar, in der Caipirinhas mit der Durchschlagskraft von Kerosin serviert werden, lernen wir ein dänisch/brasilianisches Ehepaar kennen. Die Schottin Moragh und ich ziehen mit den beiden nach Ipanema, dem trendy Viertel der Jungen und Schönen von Rio weiter. Dort liegt gerade eine *Bloca* in den letzten Zügen.

Blocas sind Stadtteil-Karnevalsfeste mit Umzügen und Samba Bands. Diese Straßenpartys finden in fast jedem Viertel aber immer zu unterschiedlichen Zeiten statt. Dass Moragh und ich vom Samba-Tanzen nicht viel Ahnung haben, stört niemanden. Man zerrt uns einfach ins Getümmel und wir geben unser Bestes. Alle lachen und strahlen, wildfremde Menschen tanzen mit uns. Manchmal gibt's hinterher ein Küsschen auf die Wange, die Stimmung ist ausgelassen und gleichzeitig entspannt. Mitten in der Menge steht ein Mann und onaniert. Kein Mensch schenkt ihm auch nur die geringste Beachtung.

Nach der *Bloca* landen wir ausgerechnet in einem irischen Pub. Und der ist – wir können es kaum glauben – tatsächlich voller Iren, die mit kühlem Guinness auf den brasilianischen Karneval anstoßen.

Müde fahren wir schließlich mit dem Taxi zurück ins Hotel. Dabei werden wir wieder hellwach, denn der Fahrer hält an keiner einzigen roten Ampel – er bremst nicht einmal ab.

Viel später als wir kommen die Leute zurück, die in Lapa gefeiert haben. Dort unter den *Arcos*, den historischen Torbögen, wird der Karneval deutlich ausschweifender und bis zum Morgengrauen zelebriert. Die Stimmung ist wilder, es wird viel nackte Haut gezeigt und ziemlich hemmungslos gebaggert und gegrapscht. Die Schamgrenze scheint aufgehoben, selbst letzte Unterschiede zwischen homo und hetero verwischen.

Vierunddreißig

Samstags Fußball, sonntags Strand

Am Samstag sehen wir uns **Christo Redentor** – Christus den Erlöser – auf dem **Corcovado** aus der Nähe an. Die Statue überragt den Gipfel des über siebenhundert Meter hohen Granitfelsens um knapp 40 m. Den Sockel mit der Kapelle mitgerechnet. Der Riesenchristus aus Stahlbeton und Speckstein mag kitschig wirken, ist in seiner Größe aber auch beeindruckend. Offenbar so sehr, dass dieser Wallfahrtsort 2007 per Internetabstimmung zu einem der neuen Weltwunder gewählt wurde.

Anschließend gönnen wir uns eine kurze Pause im Hotel. Die Klimaanlage ist repariert, der charmante schwule Empfangschef an der Rezeption strahlt. „Warum steht Jesus mit ausgebreiteten Armen auf dem Berg **Corcovado**?", fragt er mich.

„Keine Ahnung. Warum?"

„Er steht da und wartet", raunt der Mann geheimnisvoll. „Und falls die Bewohner von Rio eines Tages anfangen sollten zu arbeiten, dann klatscht der Erlöser Beifall."

Gearbeitet wird in Sao Paulo, erklärt mir der Mann augenzwinkernd. Was soll man in dieser furchtbaren Stadt ohne Strände auch anderes tun? Hier in Rio wird gelebt.

Dabei habe ich das Gefühl, dass gerade der Empfangschef unglaublich hart schuftet und seinen Job sehr ernst nimmt. Er kennt die Namen und Zimmernummern der meisten Hotelgäste, erinnert sich an jede Frage und hat spätestens, wenn der Gast zum nächsten Mal wieder auftaucht, die gewünschte Auskunft parat.

Zum Mittagessen gehe ich nur um die Ecke. Dort gibt es ein sehr gutes Kilo-Restaurant, eine brasilianische Spezialität. Im Buffetstil werden die verschiedensten Speisen angeboten, hier auch Kuchen, Obst und Desserts. Man holt sich, was man haben möchte und bezahlt nach Gewicht.

Für Vegetarier und Leute, denen der brasilianische Hang zum Frittieren sämtlicher Lebensmittel irgendwann auf den Magen schlägt, sind die Kilo-Restaurants ein Segen. Endlich mal ein Essen ohne unliebsame Überraschungen, ohne Schinken auf der angeblich vegetarischen Pizza, ohne Käse, wo keiner hingehört. Und vor allem ohne den quälend langsamen Service, der fast überall in Brasilien dafür sorgt, dass warmes Essen und Getränke selten zur selben Zeit verfügbar sind.

Nach dem Mittagsmahl geht es ins Fußballstadion, ins berühmte **Maracana** – einst der größte und modernste Fußballtempel der Welt, inzwischen allerdings mächtig angestaubt.

Anfahrt per U-Bahn. Kein Platz zum Umfallen. Wir sind eingekeilt zwischen Fußballfans und Leuten, die offenbar zu einem Karnevalsumzug wollen. Neben mir steht ein großer schwarzer Adonis mit muskelbepackter nackter Brust. Sein Kostüm besteht aus Turnschuhen, einem hautengen Stretchröckchen und einer Federboa. Alles in Rosa.

Auch hier hat die Lüftung oder die Klimaanlage ihren Dienst quittiert. Von der Decke des Abteils tropft Kondenswasser auf unsere Köpfe.

Kaum jemand hat irgendwelche Rucksäcke oder Umhängetaschen bei sich. Auch die meisten Kameras sind im Hotel zurückgeblieben. Wir haben nur Geldscheine in den Taschen unserer Shorts oder an unsäglichen anderen Stellen verstaut und außerdem einen klein gefalteten Stadtplan, die Kopie unseres Reisepasses und eine Visitenkarte des Hotels dabei. Alles ein wenig übervorsichtig vielleicht. Doch als Rio-Neuling beherzigt man gern die Tipps anderer Rio-Reisender.

Das vor einiger Zeit renovierte und inzwischen mit Sitzschalen versehene **Maracana**-Stadion hat 90 000 Plätze. Oder 70 000. In jedem Reiseführer steht etwas anderes, auch die **Cariocas** wissen es nicht so genau. An diesem Samstagabend sind allerdings nur etwa 10 000 Plätze besetzt, denn im Augenblick stehen bloß Freundschafts- und Trainingsspiele an. **Vasco** gegen **Fluminense**, ein Lokalderby. Wir entscheiden uns für die **Vasco**-Fankurve und lassen uns bei den Sambatrommlern und Fahnenschwenkern nieder. Vorherrschende Farben sind hier Schwarz und Weiß. Bei fliegenden Händlern versorgen wir uns mit ein paar passenden Kopftüchern und werden von der Fangemeinde sofort adoptiert. Das Spiel fällt in die Kategorie Trainingsmatch, die besten Spieler beider Mannschaften werden geschont.

Daher ist Fußball an diesem Nachmittag in Brasilien genauso öde wie daheim. Aber die Musik ist besser! Samba von Anfang bis Schluss, Sprechchöre, deren Rhythmus jede Hip-Hop Band vor Neid erblassen lassen müsste. Wow. Unten auf dem Rasen wird gespielt und gefoult, oben auf den Rängen wird gefeiert. Es gibt manche eindrucksvolle Schwalbe zu bewundern, die der Schiedsrichter geflissentlich ignoriert. Dafür zeigt er hin und wieder völlig überraschend als Zeichen seiner Anwesenheit eine gelbe Karte. Unsere **Vasco**-Jungs sind anfangs etwas lasch. Am Ende trennt man sich trotzdem gütlich mit einem Unentschieden. 4:4. Acht Tore in einem Spiel, was will man mehr? Auch wenn das ganze ziemlich gemütlich aussah. Brasilianischer Ballzauber und spannende Zweikämpfe? Fehlanzeige.

Dafür sind die Fans um uns herum große Klasse. Wir werden tausendmal fotografiert, umarmt und geknutscht. Weniger erhebend ist, was etwa ab 60sten Minute passiert: Mir fallen ein paar Gestalten auf, die nicht mitfeiern, einander aber ständig gegenseitig auf dem

Handy anrufen. Meine Theorie: Sie haben das Touristennest in der Fankurve ausfindig gemacht und versuchen jetzt an die Taschen einiger Reisender zu kommen. Mit einer einfachen Methode: Unruhe stiften, am besten einen Tumult, und dann im allgemeinen Durcheinander die Taschen abfischen. So kommt es, dass direkt hinter uns ein Gerangel entsteht, die Ordner mit rekordverdächtiger Geschwindigkeit über die Sitzschalen ins Gemenge hechten und die Knüppel schwingen. Für uns heißt das: „Go! Go! Go!" Wir hechten ebenfalls über die Sitzschalen, nur in entgegengesetzter Richtung. Beim ersten Tumult glaube ich noch an eine echte Keilerei. Erst als sich das Ganze in den nächsten Minuten noch zweimal wiederholt, wird deutlich, dass hier eine Inszenierung läuft.

Mir reicht die Rumrennerei, die zudem nicht ganz ungefährlich ist. Also tschüß Fankurve und Umzug ein paar Ränge weiter ins eher bürgerliche Lager. Dort haben bereits ein paar andere Touris Unterschlupf gefunden.

Und auch die etwas ruhigeren Fans beziehen uns sofort ins Geschehen ein. In diesem Block sprechen viele Englisch und ein Zwölfjähriger, der heute zum ersten Mal mit ins Stadion durfte, kann sein Glück kaum fassen. Fußball live und dann noch mit ganz vielen Ausländern Englisch üben! Er fällt uns abwechselnd um den Hals.

Maracana am Samstagabend ist mindestens so beeindruckend wie Copacabana am Sonntagnachmittag.

Mit Kelly aus Australien und Carla aus England nehme ich den Bus zu dem berühmten Strand. Die anderen Fahrgäste halten sich jeweils an der Sitzlehne vor ihnen fest. Den Grund dafür finden wir schnell heraus: Taxis fahren schnell, Busse rasen. Wahllos wechseln sie die Fahrspur, schneiden Kurven und andere Verkehrsteilnehmer. Aber dieser Busfahrer übertreibt offenbar, denn sogar die **Cariocas** schimpfen.

Copacabana am Sonntag – was für eine Idee. Alle sind da. Wirklich alle. Im Vergleich dazu ist ein überfüllter Strand am Mittelmeer ein beschaulicher Ort. Aber trotz des Gedränges herrscht entspannte Sonntagsstimmung. Die **Cariocas** sind an Massenauftriebe offenbar gewöhnt und können damit umgehen. Man hockt auf seinem Handtuch inmitten von Zehntausenden und entschuldigt sich höflich bei den Nachbarn, wenn man sie mit Sand berieselt oder aus Versehen anstößt.

Fliegende Händler lassen den Strom von eisgekühlten Getränken, Eiscreme, Obst und gegrillten Garnelen nicht abreißen. Der Getränkehändler unseres Vertrauens hat sich in der Nähe stationiert und besteht darauf, unsere angebrochenen Flaschen zwischendurch immer wieder in seiner Kühltasche zu verstauen.

Kleine Kinder werden von großen Brüdern kurzerhand am Nacken gepackt durch die Menge geschleift. Sie scheinen sich nichts draus zu machen.

Im Wasser – angenehm kühl und überraschend sauber – spielen Tausende von Nichtschwimmern in der ziemlich wilden Brandung. Großes Gekreische bei jeder Welle, nass glänzende braune Leiber überall. In drei bis fünf Reihen stehen Menschen hinter einander, halten sich an den Händen und helfen sich gegenseitig wieder auf.

Ich bin wahrscheinlich das hellhäutigste Wesen am ganzen Strand und habe vermutlich den bravsten Bikini an. Die Brasilianerinnen – egal wie dick oder schlank – tragen fast allesamt etwas, das an einen Faden Zahnseide erinnert. Manche Frauen haben so atemberaubend perfekte Kurven, dass ich zweimal hinschauen muss. Kann es derartige Pampelmusenbrüste und Apfelhintern bei einer so unsagbar schmalen Taille überhaupt geben? Und weshalb haben diese Frauen einen Adamsapfel? Copacabana – kein Strand wie jeder andere.

Fünfunddreißig

Sambódromo

Wieder eine Anfahrt mit der U-Bahn. Das *Sambódromo* liegt in einem nicht sehr vertrauenerweckenden Stadtviertel. Gelinde gesagt. Auf dem Weg von der U-Bahn zu dem Betonkoloss, in dem alljährlich die großen Karnevalsumzüge der wichtigsten Sambaschulen stattfinden, werden uns von Straßenhändlern alle Arten von Getränken und viele Arten von anderen, weniger legalen Substanzen angeboten. Außerdem bekommen zwei hübsch geschminkte Jungs, die uns begleiten, innerhalb weniger hundert Meter mehrere ziemlich eindeutige Angebote. Ausschließlich von Männern.

Der Empfangschef im Hotel hatte die beiden vorher schon fröhlich mit „***Enjoy the night, ladies!***" verabschiedet.

Das *Sambodómo* ist ein schlauchartiges Gebäude aus Sichtbeton mit etwa 60 000 Tribünenplätzen an den Seiten einer etwa 700 Meter langen Arena. Gebaut wurde das Monster in den 1970er Jahren. Die dringend notwendige Sanierung gestaltet sich schwierig, denn der hässliche Kasten steht unter Denkmalschutz. Dieses Stadion wird fast ausschließlich für Karnevalsparaden benutzt, denn seine Form lässt kaum eine andere Verwendung zu.

Am Eingang werfen Sicherheitsleute einen Blick in unsere Taschen. Endlich drinnen bekommen wir ein Programmheft, einen Fächer und eine Handvoll in Folie eingeschweißte Kleinteile überreicht, die sich bei genauem Hinschauen nicht als die erhofften Erdnüsse sondern als Kondome erweisen. Dann dürfen wir uns einen Platz in unserem Abschnitt suchen.

Die Sitzstufen aus Beton sind von der Sonne aufgeheizt. Wenn wir Glück haben, bleiben wir vom Tropenregen verschont. Ansonsten werden wir nass. Aus Sicherheitsgründen hat fast keiner eine Kamera mitgenommen und fast alle bereuen es nur allzu bald.

Der Karnevalsumzug verläuft für uns überraschend. Fast jeder hat im Fernsehen schon viel darüber gesehen und wundert sich dann, wie die Wirklichkeit aussieht. Unser Overland-Reiseunternehmen hat die billigsten Plätze ganz am Ende des Stadions gebucht. Vorteil: Hier finden sich viele Brasilianer mit nicht ganz so großem Geldbeutel aber dafür in bester Feierlaune ein, und weil die Formationen sich hier auflösen, sehen wir die faszinierenden Kostüme aus nächster Nähe.

Nachteil: Wenn die Parade bei uns ankommt, ist meist die Luft raus und die besten Tanzeinlagen bekommen wir nicht mit. Die Tänzer laufen auseinander, die Schaubilder lösen sich auf.

Unerwartet lang sind die Pausen zwischen den einzelnen Sambaschulen, sodass wir zwischendurch immer wieder ein bisschen abschlaffen. Wir überlegen, ob die Gratiskondome zur Überbrückung dieser Durststrecken verteilt wurden.

Trotz allem: Eine Karnevalsparade im **Sambódromo** von Rio ist einzigartig und mit Worten nur schwer zu beschreiben. Sechs Sambaschulen zeigen in dieser Nacht ihre ganze Kunst. Jede einzelne bietet zwischen 3000 und 5000 Akteure auf, zeigt überwältigende Kostüme, ausgeklügelte Formationen und Wagen mit fantastischen Aufbauten. Schlagartig will man nur noch in Superlativen sprechen. Jede Sambaschule hat genau 75 Minuten Zeit, alles zu geben. Zwei solche Schulen wären in Deutschland demnach schon ein ganzer Faschingsumzug, und was an Farbenpracht, Kreativität und Raffinesse in einer einzigen Abteilung einer Schule steckt, würde bei uns zuhause für ein paar Jahre Karneval reichen. Oft weiß man gar nicht, wo man zuerst hinschauen soll. Lebende Bilder bewegen sich im Sambatakt über die Promenade. Mal stehen ein, zwei Darsteller im Vordergrund, mal ist der einzelne Akteur nur ein winziges schillerndes Mosaiksteinchen in einem riesenhaften Gebilde aus Körpern, Kostümen und Aufbauten. Zwar gibt es bei jeder Schule die fast nackten, eingeölten Tänzerinnen und manchmal auch Tänzer. Aber die Mitwirkenden, die unter gewaltigen bunten Kostümen aus Schaumstoff, Draht, Plastik und Papier als Mensch fast nicht mehr zu erkennen sind, sind eindeutig in der Mehrzahl.

Am besten gefällt mir ein lebendes Fußballfeld. Zahllose Tänzer sind als Grasbüschel verkleidet. Dazwischen die Spieler, in Form lebensgroßer Schaumstoffpuppen auf die Köpfe einiger menschlicher Grasbüschel montiert. Der Ball wippt ebenfalls auf dem Kopf eines Tänzers. Auf dem gigantischen vorwärts gehenden Fußballfeld werden während des gesamten Umzugs Situationen aus dem Fußballalltag nachgespielt: Pässe, Elfmeter, Freistoßmauern, Tore, Fouls – und das alles im Sambatakt. Das Publikum tobt.

Außerdem marschieren Bücher mit lebenden Bildern vorbei und eine lebendige chinesische Terrakotta Armee. Wir sehen alle Arten von Tieren und Fabelwesen, bewundern Aliens, Raumschiffe, X- und Y-Chromosomen …

Thema ist offenbar die Evolution, die Geschichte der Menschheit und das Leben an sich.

Die umstehenden Brasilianer feuern die von ihnen favorisierten Sambaschulen an. Jedes Jahr wird in zwei Nächten unter den 13 besten ein Sieger gekürt. Absteiger in die B-Liga gibt es ebenfalls.

Bewertet werden die Originalität der Kostüme, die Ausdrucksstärke und Taktsicherheit der Tänzer, die Wagen, die Choreographie, die Musik und vieles andere. Außerdem ist an diesen beiden Abenden besonders wichtig, was wir sonst in Brasilien eher selten erleben: Ein reibungsloser Ablauf und die genaue Einhaltung des Zeitplans.

Am Ende der Parade sind manche Akteure völlig euphorisiert. Sie können gar nicht aufhören zu tanzen. Andere sind total erschöpft, ziehen sich gerade noch die Maske vom Kopf, dann brechen sie zusammen. Sie haben alles gegeben, haben sich 75 Minuten lang in einem heißen Betonkessel verausgabt. Sanitäter transportieren reihenweise kollabierte Mitwirkende ab und an einem Zaun am Ende des *Sambódromos* warten Leute mit großen Mülltüten. Ihnen werfen manche Tänzer Teile ihrer Kostüme zu. Die werden am nächsten Tag an der Copacabana an Touristen verkauft.

Dank der ziemlich schlechten Versorgung mit Getränken in unserem Sektor blieben fast alle weitgehend nüchtern. Trotz des Gedränges kommt keinerlei Aggressivität auf, es gibt keine Schnapsleichen und niemand kotzt sich die Seele aus dem Leib.

Nur ein Teil unserer Gruppe hält bis zum Ende der Show durch. Dann fahren wir mit dem Taxi zum Hotel zurück. Um den Fahrpreis wird gefeilscht wie auf einem Basar. Vor dem Einsteigen wohlgemerkt. Um 5:45 Uhr klopfen wir an die Hoteltür. Zeit fürs Frühstück und dann ab ins Bett.

Sechsunddreißig

Kontrastprogramm in Rio

Das Kontrastprogramm geht weiter. Unsere Aktivitäten sind so vielfältig wie die Stadt selbst. Ein Besuch in Rio ist keine einfache Sache, weil es viele Gegenden gibt, die man als Tourist lieber meiden sollte. Die Strandviertel sind okay, die Strände selbst tagsüber auch. Nachts bleibt man ihnen besser fern.

Was an Bauten zu Kolonialzeiten und in den 60er Jahren des 20. Jahrhunderts sicher prächtig aussah, ist jetzt heruntergekommen und befindet sich in unterschiedlichen Stadien des Zerfalls. Oft muss man zweimal hinschauen, um die Schönheit der bröckelnden Gebäude zu entdecken. Aus Prachtbauten sind Ruinen geworden.

Je besser ich mich in Rio zurechtfinde, je selbstverständlicher ich das ziemlich unkomplizierte Metro- und Bussystem benutze, desto mehr gefällt es mir in der Stadt. Nur wirklich schön kann ich sie immer noch nicht finden. Begeistert bin ich allerdings von den Saftbars, die es an fast jeder Ecke gibt. Aus exotischen Früchten aller Art wird an Ort und Stelle frischer Saft gepresst. Dann muss man nur noch den Verkäufer davon abhalten, eine ganze Kelle Zucker oder Eiweißpulver hinzuzufügen.

Dass der Nervenkitzel, den fast jede Taxi- oder Busfahrt mit sich bringt, noch gesteigert werden kann, hätte ich nicht gedacht. Doch wer wirklich abenteuerlustig ist, kann es mit einem Motorradtaxi versuchen. Man nimmt einfach hinter dem Fahrer Platz, hält sich fest und macht die Augen am besten erst wieder am Zielort auf. In den Favelas klemmen oft ganze Familien hinter dem Fahrer: Zwei Erwachsene und zwei Kinder finden vor und hinter ihm locker Platz.

Mit gewissen Zweifeln schließe ich mich einer geführten Favela-Tour an. Sicherheitsbedenken habe ich kaum, obwohl schon Touristen bei Schießereien zwischen die Fronten geraten sein sollen oder ausgeraubt wurden. Mich beschäftigt eine andere Frage: Soll man als Urlauberin tatsächlich ein Elendsviertel besichtigen?

Die geführten Touren sind Teil einer Image-Kampagne. Dahinter steht die Idee, dass die Favela-Bewohner langfristig nur dann eine Chance auf dem Arbeitsmarkt und Hoffnung auf ein halbwegs geregeltes Einkommen haben, wenn Favelas als Wohngebiete und nicht nur als Brutstätten von Gewalt, Drogenhandel und Prostitution betrachtet werden.

Also schön. Es geht in die *Favela Rocinha*, eine der größten der Stadt und angeblich eine der sichereren. In unmittelbarer Nachbarschaft zu einem Luxuswohnviertel leben in der Bergsiedlung *Rocinha* 160 000 Menschen. Die Angaben schwanken. Viele Leute hier arbeiten in den Haushalten der Reichen von nebenan.

Favela Rocinha in Rio

Unsere erwachsenen Führer und Führerinnen werden vor Ort von Kindern unterstützt, die sich in den engen Gassen besser auskennen als die Großen. Auf schmalen, unregelmäßigen Stufen geht es in den dunklen Schluchten zwischen den verschachtelten Gebäuden bergauf und bergab. Wir sehen Läden, ein Postamt, Friseurgeschäfte, kleine Restaurants und eine Bank. Viele Leute grüßen uns freundlich, andere ignorieren uns. Besonders angetan von unserem Besuch sind Kinder und ältere Leute. Einige betagte Frauen öffnen ihre Haustüren oder Fenster für uns und lassen uns einen Blick in ihre winzigen aber peinlich sauberen und ordentlichen Behausungen werfen.

Weil es in den Favelas wie überall in der großen Stadt an Platz fehlt, wird über einander gebaut. Der Besitzer des Erdgeschosses finanziert seinen Bau, indem er das flache Dach als Bauplatz verkauft. Darauf baut der Käufer den ersten Stock mit dem Geld, das er für den Platz auf seinem Dach bekommt. Zweiter Stock. Das Dach wird als Bauplatz verkauft, und so weiter. Irgendwann ist Schluss, aber niemand kann sagen, ob nicht doch das eine oder andere Stockwerk zu viel hochgezogen wurde. Katastrophale Einstürze sind in letzter Zeit allerdings seltener geworden. Man ist vorsichtiger und verwendet besseres Baumaterial als noch vor Jahren.

Für Wasser gibt es Zähler. Das Abwasser läuft je nach Wetterlage durch Kanäle oder einfach unreguliert den Hang hinunter. Strom wird ohne Zähler direkt aus der Leitung gezapft. Das Resultat sind meterdicke Kabelbündel, die sich kreuz und quer durch die Schluchten zwischen den Häusern ziehen.

Die Jungs, die uns führen, zeigen Läden, wo wir uns für die schweißtreibende Tour mit Getränken eindecken können. Sie schleusen Leute, die mal müssen, kreuz und quer durch das Gassengewirr bis zu einer Toilette. Dafür dass wir nicht von einem Motorradtaxi überfahren werden, sorgen sie, indem sie sich einfach mitten auf die breiteren Favela-Gassen stellen und den Verkehr anhalten. Diese Jungen sind stolz auf ihren Job. Sie können ein bisschen Englisch und sie wollen unbedingt von uns fotografiert werden. Tun wir gerne.

Während wir von einem der höchstgelegenen Hausdächer aus die Zehnmillionen-Dollar-Aussicht auf die Bucht und den Altantik tief unter uns genießen, beteuern unsere erwachsenen Führer noch einmal die Normalität des Lebens in einer Favela. Drogen? Waffen? Zwangsprostitution? Gewalt?

Nein, nein. Hier doch nicht. Kaum der Rede wert.

Im Stillen fragen wir uns, weshalb dann trotzdem alle Führungen spätestens am frühen Nachmittag enden und uns empfohlen wird, niemals auf eigene Faust einen Spaziergang in eine Favela zu unternehmen. Hatten wir allerdings sowieso nicht vor.

Siebenunddreißig

Körperwelten: Beach und Ball

Schöner als am Strand von Copacabana sollen die Leute nur am hippen Ipanema Beach sein. Copacabana sei was für Familien, hören wir. In Ipanema liegen angeblich die Jungen, die Reichen und Schönen im Sand.

Tatsächlich finden Charlie und Caroline aus England und ich an einem bestimmten Strandabschnitt die größte je wahrgenommene Dichte nahezu perfekter Männerkörper vor. So viel studio-getrimmte Schönheit, so viele klar definierte Muskelstränge – wir haben Mühe, nicht mit offenem Mund anzuhalten, zu staunen und zu starren. Doch nichts anderes tut man hier. Die Jungs stehen im Sand herum, bewundern sich selbst und einander gegenseitig. Und damit jeder Zweifel ausgeschlossen ist, weht über diesem Strandabschnitt die Regenbogenfahne.

Wir legen unsere weniger luxuriösen Körper ein Stück weiter nördlich in den Sand.

Spätabends machen wir uns auf zum sogenannten Schwulenball. Er ist uns als der bunteste Ball der Stadt empfohlen worden. „Wenn ihr nur einen einzigen Ball besuchen könnt oder wollt, dann den!", sagt unser Freund an der Hotelrezeption. Wir lassen uns gern beraten. Er muss es schließlich wissen.

Um 23:30 Uhr treten wir draußen vor dem *Scala*, einer altehrwürdigen Diskothek, zum Schaulaufen an. Sämtliche Partygäste stöckeln oder flanieren durch ein etwa 100 Meter langes Spalier aus Schaulustigen. Direkt vor dem Eingang liegt sogar ein roter Teppich. Hier gehen professionelle Fotografen und Fernsehteams in Stellung.

Die Schaulustigen wollen vor allem die Drag-Queens und einige spärlich bis gar nicht bekleidete Festgäste sehen. Ganze Familien haben sich die Plätze mit der besten Aussicht gesichert, kleine Kinder werden nach vorn geschoben oder hochgehoben, damit sie auch ja nichts verpassen. Hier bekommt der staunende Nachwuchs Einblicke in Spielarten der Sexualität, die eigentlich eher was für Fortgeschrittene sind.

Die Pfiffe und der Jubel bei unserem Spalierlauf halten sich in Grenzen. Wir sehen, obwohl ziemlich aufgebrezelt, wohl einfach zu normal aus. Dabei haben die meisten Jungs aus der Reisegruppe sich mühevoll dem Anlass entsprechend entkleidet und geschminkt.

Irgendwann gegen Mitternacht stehen wir tatsächlich im proppenvollen *Scala*. Zunächst stellen wir fest: Der *Ball* ist ein normaler Disco-Abend mit Live-Musik. Ich überlege – ty-

pisch deutsch – angesichts der drangvollen Enge, ob es hierzulande irgendwelche feuer-
polizeilichen Vorschriften gibt, die einzuhalten sind. Allerdings nicht sehr lange.

Hitze, Schweiß, Samba, Körper. Und was für welche. Transsexuelle in allen Stadien der Ge-
schlechtsanpassung zeigen, was die plastische Chirurgie zu leisten vermag. Wir bekommen
einige der besten und einige der schlechtesten Operationsergebnisse zu sehen, die man für
Geld kaufen kann. Süße Näschen, schräge Katzenaugen, Schmollmünder, Kugelbrüste von S
bis XXXL und kugelrunde Popos werden stolz zur Schau getragen. Shirts und Röcke haben
Schlitze an sämtlichen strategischen Stellen. Man zeigt, was man hat oder sich machen ließ.
Und die schönsten Frauen sind allesamt Männer. Oder waren es irgendwann einmal.

Homos und Heteros gleichermaßen schielen nach knackigen Bodybuildern in Speedos
und Stöckelschuhen. Es gibt dickliche ältere Herren in Weihnachtsmannkostümen und
es gibt mädchenhaft schöne Knaben, die außer etwas Modeschmuck oder Body-Paint
und einer Maske rein gar nichts tragen. Dazwischen tummelt sich eine gewisse Anzahl
relativ normal aussehender Partygänger.

Hier will man vor allem sehen und gesehen werden. Alles andere ist zweitrangig. Deshalb
schafft es nicht einmal die grässliche Band, die Stimmung zu verderben. Der Sänger, die
Percussionsgruppe und die Bläser können sich weder auf eine Melodie, noch auf einen
gemeinsamen Rhythmus einigen. Nur dass ihr Auftritt in maximaler Lautstärke erfolgen
muss, scheint abgesprochen.

Trotz des Gedränges und Temperaturen von gut über 45 Grad gibt es keinerlei Aggres-
sionen. Man tritt jemandem auf den Fuß und der entschuldigt sich dafür. Wir sind einfach
alle gut gelaunt und schrecklich nett zu einander. Ganz besonders nett behandelt man sich
gegenseitig in den dunklen Ecken des Saales. Die Jungs scheinen keinerlei Hemmungen zu
haben, bieten aus dem Stegreif Live-Shows zum Mitmachen. Wenn man drauf steht.

Warteschlangen vor dem Damenklo. Eigentlich wie immer, nur noch länger. Das Da-
menaufkommen ist eben höher als sonst, und die Transsexuellen, die sich – gar nicht
damenhaft – vordrängeln, verschwinden mit Vorliebe zu zweit oder zu dritt in den Kabinen. Draußen wartet geduldig der Rest der Menschheit. Aber ganz wohl fühle ich mich
in diesen Toiletten nicht. Denn aus irgendeinem Grund werfen mir einige der stabilsten
Transen schmachtende Blicke zu.

Auf der Tanzfläche himmeln unterdessen Schwule wie Heterofrauen die perfekt ge-
bauten Go-Go-Tänzer an. Im dem Gewirr aus rhythmisch zuckenden Körpern lecken
hübsche Jungs einander gegenseitig die Schweißperlen ab. Eigentlich finde ich das ganz
erotisch. Aber nur so lange, bis einer auf die Idee kommt, auch mir die Kehle zu lecken.
Ehm. Nein Danke!

Wir stehen Schlange für Getränke, bestaunen nebenher die ausgefallenen Kostüme und haben bald alle unsere Fans. Wird man an der Hand gefasst, so kann das alles Mögliche bedeuten. Oft ist es nur eine Aufforderung zum Tanz.

Folgt dann aber ein Kuss auf die Wange, sollte man schnell zu einer Entscheidung gelangen. Die Spielregeln sind leicht zu verstehen. Ein deutliches „Nein" wird spätestens bei der zweiten oder dritten Wiederholung ernst genommen. Alles andere wird als Einverständnis zu weiteren intimen Aktivitäten gewertet.

Erstaunlich viele Rio-Touristen kommen auf diese Art mit voller Absicht und Begeisterung zu ziemlich engen Kontakten mit einheimischen Szenegängern.

Um halb vier morgens hat die Samba-Band endlich ein Einsehen. Sie macht Feierabend und der DJ legt Techno auf. Ein kollektiver Aufschrei der Erleichterung. Normalerweise mag ich Techno nicht besonders. Aber nach dem Ohren zermürbenden Gruselsamba der Live-Band ist mir alles recht.

Die Tanzfläche füllt sich schlagartig wieder, und alle legen noch mal richtig los. Alle außer den Diven mit den riesigen Implantaten. Die gewaltigen Silikonkissen hindern wohl eher am Tanzen.

Licht an um halb sechs. In den Ecken entflechten sich die letzten Leiber. Draußen warten Taxifahrer. Innerhalb von Minuten sinken die Fahrpreise auf Normalniveau.

Wir lassen uns zum Hotel chauffieren. Frühstücken.

Was für eine Nacht!

Achtunddreißig

Ouro Preto: Bananen und Barock

Der Abschied von unseren Reiseleitern Zoe und Hugo fällt schwer. Auch für die meisten Mitreisenden endet der Trip hier in Rio. Die neue Gruppe, die gemeinsam zur nächsten Etappe, Rio – Manaus, aufbricht, ist bunt gemischt und riesengroß. Alle Plätze im Truck sind besetzt – und das bei feuchtheißem Tropenklima. Die meisten Mitfahrer äußern sich skeptisch, was das Raumangebot auf dem Lastwagen betrifft. Aber alle sind sicher, dass wir ganz enge Freundschaften schließen werden. Im wahrsten Sinne des Wortes. Diesmal ist das jüngste Gruppenmitglied Anfang zwanzig, das älteste Anfang sechzig.

Als Fahrer/Leiter stellen sich der US-Amerikaner Dave und der Kiwi Derryl vor. Ihr Truck wirkt deutlich vertrauenerweckender als unser voriger. Dabei hat es der, allen Unkenrufen zum Trotz, immerhin bis Rio geschafft.

Die neue Etappe beginnt so, wie die vorige geendet hat. Derryl biegt falsch ab und wir besichtigen unfreiwillig ein ebenso zwielichtiges wie verwinkeltes Viertel im Nordwesten Rios. Am Ende muss Derryl mit dem Gefährt quer über eine Verkehrsinsel hoppeln, um uns überhaupt wieder auf eine Straße zu bringen, die breit genug ist für den Truck.

Es geht weg von der Küste, auf kurvigen Strecken hinauf ins Hochland. An die Hitze Rios gewöhnt, fangen wir an zu frieren und suchen nach den weggepackten Pullovern.

Abends schlagen wir die Zelte in Ouro Preto auf. Heute leben hier etwas über 50 000 Menschen. Mitte des 18. Jahrhunderts hatte die Stadt fast doppelt so viele Einwohner und wurde *Vila Rica de Ouro Preto*, die „Reiche Stadt des Schwarzen Goldes", genannt.

Die meisten Bewohner waren damals Sklaven, die in den Goldminen schuften mussten. Uns bleibt beim Anblick von Ouro Preto der Mund offen stehen. Barocke Gebäude so weit das Auge reicht. Und das mitten in Brasilien. Über dreißig Barockkirchen, wie ich sie aus Süddeutschland kenne, stehen hier, dazu ein komplett erhaltenes barockes Gebäudeensemble um einen Marktplatz mit Kopfsteinpflaster. In den ummauerten Gärten wuchern Bananenstauden. Wunderschön und kaum zu glauben. Bananen und Barock? Alles andere als eine gängige Kombination.

Wie reich diese Stadt früher war, ist an den großen Häusern mit zum Teil aufwändigem Zierwerk auch heute noch gut zu erkennen.

Ouro Preto wurde auf zahllosen Hügeln erbaut, überall Kopfsteinpflaster, kleine Läden, Cafés. Die meisten Bürger sind sehr dunkelhäutig, gelten als Nachfahren der schwarzen Sklaven, die früher Stollen in die umliegenden Berghänge treiben mussten.

Einen ganzen Tag lang wandere ich durch die steilen Straßen der Stadt von einer Kirche zur anderen. Weil Fastenzeit ist, sind leider viele Altäre verhüllt. Überall löst sich das Blattgold ab, bröckelt der Putz. Oft fehlen die Glocken in den Türmen und in den Mauern sitzt der Schwamm. Im Klima von Ouro Preto mit ständigen Wechseln zwischen heiß, feucht und kalt kann die Pracht nicht ewig bestehen. Die Kosten für die Trockenlegung sämtlicher feuchter Mauern und die Renovierung aller Kirchen wären auch für eine europäische Stadt dieser Größe kaum zu stemmen.

Hier und da wird dennoch saniert und ausgebessert. Ein endloses Unterfangen.

Die Stadt ist nicht nur voller Barockbauten, sondern auch voller Goldschmiedewerkstätten und Schmuckgeschäfte. Hier werden Edelsteine und Halbedelsteine aus der Umgebung – Smaragde, Topase, Aquamarin, Amethyste und viele andere herrliche Klunker zu atemberaubenden Schmuckstücken verarbeitet. Zwei international bekannte Nobeljuweliere sind am Ort vertreten. In ihren Läden kostet eine edle Halskette mindestens so viel wie meine ganze Reise. In anderen Geschäften gibt es beinahe ebenso schöne Stücke deutlich günstiger. Trotzdem liegen die Preise weit oberhalb meiner Schmerzgrenze. Also anschauen, träumen und dann nichts wie weg, bevor ich schwach werden kann und doch die Kreditkarte zücke.

Langsam höre ich mich ein bisschen in die portugiesische Sprache ein. Sie wird mehr gesungen als gesprochen, und hin und wieder verstehe ich ein paar Worte.

Den Nachmittag verbringe ich bei dezenten brasilianischen Jazzklängen aus der Konserve auf der Dachterrasse eines Cafés. Nach und nach gesellen sich noch einige andere Reisende hinzu. Wir unterhalten uns, schauen auf die Dächer der Stadt mit ihren vielfarbigen Biberschwanzziegeln, genießen die Sonnenstrahlen und fühlen uns zu Recht ungeheuer privilegiert.

Wer keine Lust auf Kirchen oder Schmuckgeschäfte hat, kommt auch auf dem Campingplatz auf seine Kosten: Dort flitzen Kolibris umher. Nennt man sie nicht wegen ihres schillernden Gefieders lebende Edelsteine? Sind sie nicht mindestens ebenso unbezahlbar? Den ganzen Tag über umschwirren sie die roten Blüten einer Hecke und verhalten sich dabei ganz und gar nicht kollegial. Mit einer Angriffslust, die niemand diesen zarten kleinen Wesen zugetraut hätte, verteidigen sie ihr Revier gegen alle Artgenossen. Wir hingegen können uns direkt unter die Büsche legen, das metallisch glänzende bunte Gefieder und die hubschrauberartige Flugtechnik der Vögelchen bewundern. Uns ignorieren sie.

Wir besuchen eine stillgelegte Goldmiene in der Nähe der Stadt und nehmen dort 120 Meter unter der Erde ein Bad in einem kühlen Fluss. Ein bisschen wehmütig denken wir an die Strände von Rio zurück.

In einer Nische ist ein kleiner Altar für die Heilige Barbara aufgebaut. Sie gilt als Beschützerin der Bergleute, ist aber gleichzeitig die Stellvertreterin einer lokalen Göttin, die hier für die Schönheit zuständig ist. Daher die vielen Lippenstifte um ihren Schrein. Sie sind die Opfergaben von Frauen, vielleicht auch von Männern, die auf unvergängliche Schönheit hoffen.

Neununddreißig

New Age, Wasserfälle und andere Naturgewalten

Weiter geht es, Richtung Nord/Nordwest. Unterwegs finden wir eine ideale Camping-möglichkeit: Einheimische weisen uns den Weg zu einer gefassten Mineralquelle, wo sie gern ihre Sonntagspicknicks veranstalten. Der Aufseher lässt uns auf dem Grundstück zelten und wir können nachts noch im lauwarmen Mineralwasser schwimmen. Dankbar entspannen wir unsere von den langen Fahrtagen ziemlich verkrampften Muskeln.
Der Aufseher ist völlig aus dem Häuschen. Noch nie hat sich ein Ausländer hierher verirrt und jetzt hat er gleich eine ganze Lastwagenladung voll als Gäste. Eine Bezahlung für die Übernachtung will er nicht annehmen. Wenigstens lässt er sich am Ende einige Dosen Bier und Limonade schenken.

Durch die seltsame brasilianische Hauptstadt Brasilia fahren wir erst mal nur hindurch. Wir wollen weiter in einen Nationalpark 200 km weiter nördlich. Im *Parque Nacional da Chapada dos Veadeiros* gibt es Flüsse, Schluchten, Wasserfälle und viel Buschland. Un-terwegs sehen wir große Ameisenbären. Aber leider nur in Form von platt gefahrenen Kadavern am Straßenrand.
Unsere Zelte schlagen wir in Sao Jorge auf. Das Dorf liegt an einer langen Schlagloch-piste, die irgendwann von der Teerstraße abzweigt. Wir kommen nur im Schritttempo voran und haben trotzdem das Gefühl, der Truck könne sich jeden Augenblick in seine Einzelteile zerlegen.
New Age trifft Ex-Mienenstadt. In Sao Jorge bieten Handleser, Masseurinnen und Na-turheiler auf selbst gemalten bunten Schildern ihre Dienste an. Sie haben sich hier nie-dergelassen, weil der Boden im weiten Umkreis mit Quarzkristallen übersät ist. Das massenhafte Vorkommen der glitzernden Prismen deutet aus Sicht der New-Age Jün-ger auf besondere Kraftfelder hin. Zwischen den vergleichsweise schmucken Häusern der Zugezogenen mit ihren wunderschönen üppigen Gärten stehen die etwas beschei-deneren Behausungen früherer Mienenarbeiter.
Wir sind dankbar für die Planendächer überall auf dem Campingplatz, denn die häufigen tropischen Regengüsse zerren an den Nerven. Alles, was nicht nass ist, ist feucht. Völlig trocken wird gar nichts mehr, und – Überraschung! – das Gepäckabteil des Trucks ist nicht wirklich wasserdicht. Dave und Derryl arbeiten daran, wechseln Dichtungen, beulen Türen aus. Trotzdem gibt es noch irgendwo ein Leck. Über die Klima- und Wetterkapitel

in diversen Reisehandbüchern können wir nur noch zynisch grinsen. Von kurzen, heftigen Regengüssen am Nachmittag ist darin die Rede. Die gibt es durchaus. Nur die heftigen Güsse am Morgen, am Abend und in der Nacht sollten vielleicht auch mal irgendwo erwähnt werden. Es gibt Tage, an denen es im Halbstundentakt schüttet. Zum Glück bleibt die Luft trotz des Regens meist warm, und wir trösten uns mit der seidenweichen Babyhaut, die uns die hohe Luftfeuchtigkeit beschert.

Brasilianisches Buschland

Im angrenzenden Nationalpark geht es nur zu Fuß und nur mit Führern voran. Zwar könnte man die Wanderwege durch die Savanne, durch Schluchten und über Bergrücken auch markieren und die Besucher allein losziehen lassen, aber dann wären die Führer ihren Job los.

In kleinen Gruppen wandern wir in die Wunderwelt des Parks. Es geht durch Buschland, das ein bisschen an Australien erinnert. Wir fotografieren exotische Pflanzen und Anhäufungen von Quarzkristallen – und wir genießen die Weite der Landschaft.

Oft geht es ziemlich steil über Felsblöcke bergab und bergauf. Der Boden ist vom vielen Regen aufgeweicht, die Schwüle bringt uns wieder mal richtig zum Schwitzen. Doch nach kaum einer Stunde stehen wir an einem wunderschönen, klaren Badepool, der von einem kleinen Wasserfall gespeist wird. Unser fast ebenso sehenswerter Führer reißt sich das T-Shirt vom Leib und vollführt einen Hechtsprung ins erfrischende Wasser. Traumhaft – wie bei Tarzan und Jane. Wir schwimmen, genießen und lassen die Seele baumeln. Dann kommt der Regen. Kein Problem. Unser Führer kennt einen Felsüberhang auf der anderen Seite des Pools. Dort können wir uns unterstellen. Tolle Idee. Wir überqueren also den Abfluss des Pools und suchen Schutz unter dem Felsendach. Aus dem Regen wird ein Sturm.

Fünfzehn Minuten später: Der hübsche, etwa vier Meter breite Wasserfall – eben noch als Powerdusche geschätzt – hat sich in ein tobendes, etwa zwanzig Meter breites Monstrum verwandelt, dessen Flanke sich Zentimeter um Zentimeter unserem Unterstand nähert. Wir müssen näher zusammenrücken, kauern bald zu acht auf knapp drei Quadratmetern und hoffen, dass tiefer in der Felsnische nichts Giftiges, Gefährliches haust und sich von uns belästigt fühlt. Noch immer prasselt der Regen nieder und wir beobachten besorgt, wie der Wasserfall noch breiter wird.

Urplötzlich leuchten die Wolkenberge in kränklichem Gelb. Direkt über unseren Köpfen hallt ein Donnerschlag, wir zucken zusammen und werden durchgeschüttelt. Nach einer Schrecksekunde ist klar: Wir sind alle miteinander von einem Blitz getroffen worden. Er muss ganz in der Nähe eingeschlagen haben. Mir jagt ein Stoß durch die Hand, mit der ich mich am nassen Fels abstütze, in den Körper und dann zur anderen Hand, die ebenfalls am Fels liegt, wieder hinaus. Wir sind alle verwirrt und schockiert. Vom Blitz getroffen zu werden, ist nicht spaßig. Verletzt ist zum Glück niemand und auch das Gewitter scheint sich mit dieser einen hochdramatischen Einlage erschöpft zu haben.

Langsam wird der Regen schwächer. Doch der Abfluss des Wasserfalls ist nicht zu überqueren. Wo vorher ein Rinnsal über die Felsen zu Tal plätscherte, schießt nun ein tosender wilder Fluss über die Felskante. Wir müssen lange warten, bis der Wasserstand sinkt. Besorgt beobachten wir die Gewitterwolken, die sich schon wieder über unseren Köpfen türmen und hoffen, dass sie uns nicht noch mehr Regen bescheren. Nach und nach sinkt der Wasserpegel des Abflusses. Als die reißenden Fluten nur noch etwa vierzig Zentimeter tief sind, wagt unser Führer sich auf die andere Seite. Er spannt ein Seil zur Sicherung. Daran können wir uns festhalten und vorsichtig oberhalb des Abgrundes, über den der Fluss ins Tal hinab stürzt, durchs wilde Wasser waten.

Weiter geht die Wanderung durch Ebenen und über steile Hänge, bis wir schließlich die

Aussicht auf einen gewaltigen Wasserfall mit zwei mächtigen Kaskaden genießen können. Ringsum nur Wildnis und dampfendes Buschland. Vielleicht haben sich so die ersten Menschen gefühlt, die in kleinen Gruppen durch die Savannen Afrikas zogen. Vielleicht sah die Welt so aus, als sie noch von gigantischen Echsen bevölkert war.

Die anderen Wanderungen im Park sind weniger anstrengend und weniger aufregend. Im *Moon Valley*, einem besonders engen Tal, in dessen Gestein das Wasser bizarre Formen geschliffen hat, treffen wir einen deutschen Auswanderer, der sich in der Nähe ein Haus gebaut hat. Er rät uns, das Wetter immer im Blick zu halten und dem Fluss bei drohendem Regen nicht zu nahe zu kommen. Von unserem Gewitterabenteuer erzähle ich ihm lieber nichts.

Vierzig

Zurück in die Zukunft: Brasilia

„Die Stadt, die es nicht gibt", nennen wir Brasilia, die Hauptstadt Brasiliens, spontan. Denn wir fahren mindestens dreimal quer durch, ohne eine erkennbare städtische Siedlung zu sichten. In den nächsten Stunden fallen uns noch andere Namen für die Zweimillionen-metropole ein: „Die Unsichtbare", nennen wir sie oder „Weltraumbahnhof." Tatsächlich ist Brasilia schwer zu beschreiben. Brasiliens Hauptstadt wurde Ende der 50er Jahre am Reißbrett entworfen und innerhalb von drei Jahren hochgezogen. Und das sieht man ihr auch an. Von oben betrachtet hat die Stadt die Form eines Flugzeugs. Der Rumpf besteht aus einer kilometerlangen Parkanlage, in die in großen Abständen Regierungsgebäude und Monumente gesetzt sind. Vorherrschendes Baumaterial: Sichtbeton.

Die Menschen, die hier angeblich leben, wohnen in den Flügeln des imaginären Jets. Ihre Wohngebiete sind in Planquadrate mit nahezu identischer Struktur unterteilt. Läden, Schulen, Versorgungseinrichtungen liegen in jedem Viertel im selben Quadranten. Alles ist ordentlich durchnummeriert. Brasilien überrascht uns immer wieder.

In Brasilia ist man stolz auf die niedrige Kriminalitätsrate. Kunststück: Die überdimensi-onierten Straßen, die riesenhafte Rasenflächen durchschneiden, sind fast menschenleer. Wo niemand ist, kann keiner was klauen.

Bummeln und Erkunden ist schwierig. Hier hilft nur eine Stadtrundfahrt. Schon beim ersten Stopp am **Kubitschek Monument** habe ich das Gefühl, mitten in der Kulisse eines Science-Fiction Films aus den 60er Jahren zu stehen. Die fliegenden Untertassen sind jedenfalls schon gelandet: Seltsam geformte Aufsätze stehen auf seltsam geformten Ge-bäuden.

Juscelino Kubitschek, dem hier ein Denkmal gesetzt wurde, war brasilianischer Präsident von 1956 bis 1961 – eine Zeit relativer politischer Stabilität für dieses riesige Land. Die Entstehung und das Konzept der Hauptstadt Brasilia trieb er maßgeblich mit voran. Das ihm gewidmete Monument ist ein ausladender flacher Betonbau ohne Fenster. Eine Statue des inzwischen verstorbenen Ex-Präsidenten steht hoch oben auf einer Betonsäule in einem sichelförmigen Betonbogen.

Wo wir auch anhalten, überall sehen wir muschelförmige, halbkugelige oder eckige Riesengebäude, die Menschen auf die Größe von Ameisen reduzieren. Richtig schön, zumindest von innen, ist eine die Kirche **Santuário Dom Bosco**. Raumhohe blaue Glasfenster aus Tausenden von Einzelelementen sorgen im Kirchenschiff für eine fast mystische Atmosphäre. Ich fühle mich wie im Inneren eines Aquariums.

Auch die Kathedrale von Brasilia ist etwas ganz Besonderes. Der zeltartige Bau aus Glas und Beton muss einem nicht gefallen – ungewöhnlich wirkt er allemal. Auf dem Vorplatz stehen vier überlebensgroße Bronzestatuen: Die Evangelisten. Auf die Frage, warum gerade die draußen bleiben mussten, weiß unser Führer keine Antwort. Auf der anderen Straßenseite leuchtet die fensterlose Außenhülle eines Museumsbaus in der Sonne. Das Bauwerk sieht aus wie ein weißer, vom Himmel gestürzter und in den Erdboden versunkener Saturn.

Ob Brasilia nun schön ist oder abschreckend, seltsam oder ästhetisch, ob Architekten und Bauherren halluzinogene Substanzen eingenommen hatten oder nur von Zukunftsvisionen beseelt waren – etwas ist sicher: Diese Stadt ist einzigartig.

Menschen finden wir schließlich in mehreren gigantischen Einkaufszentren, die nahe bei einander in der Gegend stehen, wo die Wohnflügel aus dem Regierungsrumpf der Stadt ragen. Viel Grün, viele Wasserflächen ringsumher. Da könnte man doch vor Cafés und Restaurants im Freien sitzen. Doch das Leben findet einzig und allein im voll klimatisierten Inneren der Shoppingtempel statt. Auch hier fallen wieder die Preise auf: Fast europäisch. Wer kann sich das hier in Brasilien leisten?

Die Hauptstadt bleibt für uns so rätselhaft wie vieles in diesem riesengroßen Land.

Einundvierzig

Poconé und das Pantanal

Zwei Tage brauchen wir für die Fahrt von Brasilia ins nördliche Pantanal. Das bedeutet zwei Buschcamps. Unterwegs sehen wir wieder nur platt gefahrene Ameisenbären und keine lebendigen. Wie schade.

Am ersten Abend dürfen wir zwischen den Pferdekoppeln einer Estancia zelten. Tiefrot hängt der riesige Vollmond über dem Horizont und wirft ein gespenstisches Licht auf die Landschaft. Doch nicht sehr lange. Wir erleben eine totale Mondfinsternis, und je weiter sich der Erdschatten über den Mond schiebt, desto heller funkelt über uns die Milchstraße. Einzelne Sterne scheinen zum Greifen nahe, andere sind so klein, so zahlreich und so weit entfernt, dass sie zusammen wie Nebelschwaden wirken.

Fürs zweite Buschcamp finden wir abseits der Hauptroute wieder ein schönes Fleckchen. Jemand hat neben ein Flüsschen mit einem kleinen Wasserfall einen Pool gebaut, ein Freibad mitten im Nirgends. Der Besitzer der Anlage heißt uns willkommen, er freut sich über die Gäste, verlangt nur eine symbolische Campinggebühr und hängt sogar noch eine Glühbirne für uns auf, damit wir bei Licht kochen können.

In der Abenddämmerung tummeln wir uns in einem natürlichen Whirlpool zwischen den Stromschnellen des kleinen Flusses. Ganz Mutige springen vom Wasserfall aus in das darunter liegende tiefe Becken. Später ziehen wir in den Pool um.

Auch am nächsten Morgen planschen wir noch lange im Fluss. Bis wir plötzlich fünf Millimeter lange Würmchen an uns entdecken. Viele! Sie sitzen überall, mögen offenbar behaarte Körperstellen ganz besonders gern. Es handelt sich um klitzekleine Blutegel. Plötzlich hat niemand mehr Lust, im Flüsschen zu baden oder vom Wasserfall zu springen. Gegenseitig pflücken wir uns die Biester ab, bevor sie sich festsaugen können. Besonders unglücklich ist Rickie, auf dessen fast schwarzer Haut die Blutsauger kaum auffallen. Wir baden noch einmal ausgiebig im Pool, in der Hoffnung, dass er chloriert ist und dass sein Wasser noch vorhandene unentdeckte Egel an unzugänglichen Körperstellen abtötet.

Poconé erleben wir als verschlafenes Nest am Nordrand des Pantanal. Vielleicht ist hier in der Trockenzeit mehr los, aber uns kommt das Städtchen vor wie ausgestorben. Viele der schmucken kleinen Häuser sind bunt angestrichen. Alte Frauen sitzen auf Klappstühlen auf den Gehwegen im Schatten und lassen den Tag an sich vorüberziehen. Eine internationale Telefonkarte finde ich nirgends. Wozu auch? Wen soll man denn schon anrufen?

Dafür kenne ich bald alle Geschäftsinhaber, die sich mein Anliegen anhören, sich gern ein bisschen mit mir unterhalten und mich dann in den nächsten Laden weiter schicken, wo es ja vielleicht … Nein. Kein Glück.

Am Abend ziehen ganze Familienclans mit ihren Grills auf den Rasen des kleinen Parks im Herzen der Stadt. In der Bar gegenüber gibt es nur Cola, Bier und einen Billardtisch. Von Poconé ist es nicht weit bis zu unserer Unterkunft im Pantanal, denn wegen des sehr hohen Wasserstandes im gesamten Sumpfgebiet kommen wir nur bis zur nördlichsten *Pousada* oder Lodge. Die weiter südlich gelegenen stehen in diesem Jahr längst unter Wasser.

Pferde weiden im Pantanal

Etwa 230 000 Quadratkilometer groß ist das Pantanal, ein riesiges Überschwemmungs-gebiet, das bis nach Bolivien und nach Paraguay hinein reicht. Die Größe Portugals hätte es, behauptet jemand. Ein beträchtlicher Teil seiner Fläche liegt in der brasilianischen Provinz Mato Grosso und selbst in der Trockenzeit gibt es zwischen dem nördlichen und dem südlichen Pantanal keine durchgängig befahrbare Straßenverbindung. Nur zu Fuß, mit Booten oder zu Pferd kann man ein Stück weit in die vom Wasser dominierte Welt vordringen. Die Wildtiere haben sich in die unzugänglichsten Gebiete des Pantanal zurückgezogen. Tapire, Jaguare, Ozelots, Pumas, Mähnenwölfe und Ameisenbären soll es dort geben. Leider haben wir wenig Hoffnung, sie zu Gesicht zu bekommen. Dazu müssten wir schon eine Flugsafari unternehmen. Uns zeigen sich vor allem Capibaras, Kaimane und die verschiedensten Vögel, Frösche und Kröten. Moskitos gibt es überall. Deshalb schlafen wir unter Moskitonetzen und teilen unsere Zimmer gern mit kleinen Fröschen, die Jagd auf alle Arten von Insekten und Krabbeltieren machen. In der Abend-dämmerung bleiben wir im Haus, weil dann ganze Schwaden von Stechmücken in der Luft hängen. Zu jeder anderen Tages- oder Nachtzeit ist ihre Anzahl erträglich.

Ich hatte mir das Pantanal als große Wildnis vorgestellt. Deshalb wundere ich mich über die vielen Pferde und Rinder, die hier überall grasen. Oft stehen sie dabei bis zum Bauch im Wasser und manchmal sieht man nur wenige Meter entfernt Augen und Nasenlöcher eines Kaimans die Wasseroberfläche durchstoßen. Aber anscheinend gehen Nutztiere und Kaimane einander weitgehend aus dem Weg. Piranhas sind ebenfalls reichlich vor-handen. Warum die Pferde und Rinder nicht ständig von ihnen gebissen werden, ist uns schleierhaft.

Zu Fuß erkunden wir die Gegend um die *Pousada*, wobei wir oft warten müssen, bis die Kaimane, die sich an Land sonnen, die Pfade räumen. Einmal attackiert uns ein wütender Pekari-Eber. Doch als er sieht, dass wir zu viert sind, überlegt er es sich noch einmal anders und verschwindet wütend grunzend im Unterholz.

Mit Booten fahren wir über Lagunen und Flussarme, halten nach Äffchen und Aras Aus-schau. Am schönsten sind die strahlend blauen Hyazinth-Aras mit ihren gelben Augen-ringen. Hier leben sie noch in Freiheit und werden geschützt. Aber sogenannte Sammler lassen sich solche Papageien Zehntausende von Dollar kosten. Deshalb werden die seltenen Tiere nach wie vor von Wilderern eingefangen oder abgeschossen.

Am allerschönsten sind die ausgedehnten Ausritte über vom Wasser bedeckte Ebenen und durch Waldgebiete. Die Pferde sind erstaunlich gehfreudig und sensibel – für Anfän-ger nicht wirklich geeignet. Ohne Zögern marschieren sie selbst durch große Wasser-flächen, behalten die Kaimane zwar im Auge, lassen sich aber durch deren Anwesenheit kaum beeindrucken. Hier vom Pferd zu fallen, ist nicht wirklich empfehlenswert. Wer will schon bei vor spitzen Zähnen strotzenden Kaimanen und Piranhas im Wasser liegen? Ein paar Touristen erwischt es trotzdem. Obwohl ihnen das Reiten nicht wirklich zusagt, springen sie schnell wieder in den Sattel. Doch die meisten Ritte verlaufen undramatisch.

Nur einmal bekomme ich ein sehr nervöses Pferd zugeteilt, das wie gebannt in jede Pfütze schielt, jeden Baumstamm misstrauisch anstarrt und am liebsten gleich davonrennen will. Offenbar hat es Erfahrung mit beißwütigen Pantanalbewohnern.

„For this one, we need a good cowboy", sagt der Führer.

Der gute Cowboy bin offenbar ich.

Zu Pferd kommen wir nahe an Vögel und andere Tiere heran und können in Bereiche vordringen, die zu Fuß für uns Menschen nicht mehr begehbar sind. Zu Pferd sehen wir dramatische Sonnenuntergänge und fühlen uns eins mit der Landschaft.

Am Nachmittag versammeln wir uns gern unter einem großen Schilfdach hinter der *Pousada*. Gut versteckt verbringen zahlreiche Fledermäuse im Dach verborgen den Tag. Wir hören nur das Rascheln und ihr Gekeife, wenn sie aufwachen und sich streiten. Hin und wieder lassen sie auch was fallen. Im Schatten des Daches dösen wir in Hängematten. Gelegentlich springen wir auch in den Pool nebenan – nicht ohne vorher ein halbes Dutzend kleiner Frösche zu retten, die dort im Wasser paddeln und die steilen Seiten des Pools kaum aus eigener Kraft überwinden können.

Im Schutz des Schilfdachs beobachten wir auch die Gewitter, die über die weite Ebene heranziehen, deren Winde die Palmen biegen, die Blitze zur Erde schicken und den Wasserstand im Überschwemmungsgebiet noch weiter ansteigen lassen.

Abends kommen Leute auf Fahrrädern aus Poconé, stellen sich auf die Bohlenbrücken und halten ihre Angeln ins Wasser. Oft nehmen sie an diesen Stellen auch ein Bad. Weil es in den tiefen Pools um die Brücken keine Wasserpflanzen gäbe und das Wasser dort sehr klar sei, meinen sie, sähe man die Piranhas und die Kaimane ja rechtzeitig kommen.

Obwohl wir bei über dreißig Grad und über neunzig Prozent Luftfeuchtigkeit immer von einer schmierigen Schicht aus Schweiß, Sonnencreme und Insektenschutzmittel bedeckt sind, genießen wir die Tage im Pantanal.

Die anderen Touristen, die hier vor allem Ruhe suchen, sind sicher froh, als die laute Overland-Truppe wieder abzieht. Endlich können die Natur-Urlauber wieder am Pool liegen, ohne dass in unmittelbarer Nähe Iren und Australier Arschbomben vollführen oder Wasserschlachten veranstalten.

Bei unserer Abfahrt türmen sich am Horizont gewaltige Sturmwolken auf und schicken Windböen vor sich her. Wir decken uns in Poconé für die nächsten Tage mit Proviant ein und übernachten noch einmal im Ort. Abends treffe ich in einer Kneipe einen jungen

Mann, der Deutsch spricht und auf der *Pousada*, die wir am Nachmittag verlassen haben, als Führer arbeitet. Er berichtet, der Sturm hätte kurz nach unserer Abfahrt zugeschlagen, einen Teil der Anlage zerstört, das Schilfdach fortgerissen, Bäume entwurzelt und das Dach der Lodge zum Teil abgedeckt.

Zweiundvierzig

Letzte Straßenkilometer

Weiter geht die Fahrt nach Nordwesten, dem Amazonasgebiet entgegen. Wir verlassen die Provinz Matto Grosso und kämpfen uns über löcherige Teerstraßen durch die Provinz Rondonia, die vor allem als Kakaoexportgebiet bekannt ist. Wenn wir irgendwo anhalten, Pause machen oder zelten, sind wir schnell von Neugierigen umringt. Häufig wird jemand angeschleppt, der ein bisschen Deutsch kann, weil er schon mal in Europa war. Diese Person soll sich dann mit mir unterhalten.

Ich bin inzwischen total erkältet, habe leichtes Fieber, Kopf- und Halsschmerzen. Wahrscheinlich verdanke ich die Erkältung den Klimaanlagen in der *Pousada* und im Hotel von Poconé. Die Geräte funktionieren nach dem Motto „ganz oder gar nicht", lassen nur die Wahl zwischen eiskalten Luftwirbeln und feuchtwarmer Hitze. Und wer das Zimmer mit mehreren anderen Personen teilt, kann die Klimaanlage nicht einfach eigenmächtig abschalten. Meine Zeltkameradin Becky besorgt mir Zitronentee und Aspirin.

Durch eine Überlandfahrt wird erst richtig deutlich, wie ungeheuer groß Brasilien ist. Die Strecken scheinen endlos, die kleinen Städte am Wegrand wirken austauschbar. Dabei strahlen die Menschen hier oben im Nordwesten des Landes viel freundliche Gelassenheit aus.

Außerhalb der großen Städte erinnert diese Gegend mit der roten Erde und dem Buschland oft an Afrika, und ich ertappe mich immer wieder dabei, wie ich nach Giraffen und Elefanten Ausschau halte.

Auf der zweitägigen Fahrt nach Porto Velho mussten wir eigentlich den Urwald durchqueren. Wir sehen aber nur Rinderweiden und Sojabohnenfelder, die sich bis zum Horizont erstrecken. Von Einheimischen, mit denen wir sprechen, erfahren wir, die Regenwälder des Amazonasbeckens könne man in diesem Teil Brasiliens nicht mehr finden. Dazu müsse man viel weiter nach Westen ins Grenzgebiet zu Peru oder Ecuador reisen. Dort ist die Gegend unwegsamer und schwerer zugänglich. Für die Erhaltung des Urwaldes ist das günstig, weil gefälltes Holz nur schwer abzutransportieren ist. Auch Weidewirtschaft im großen Stil macht im Grenzland wegen der fehlenden Infrastruktur keinen Sinn.

Wo es, wie hier, Straßenverbindungen oder breite Flüsse gibt, die sich als Transportwege eignen, ist es gewinnbringender, den Wald abzuholzen, Weideland zu gewinnen, Felder anzulegen. Oder Bodenschätze abzubauen.

Mit dem Finger nur auf die korrupten brasilianischen Behörden zu zeigen, die Land und

Schürfrechte an ausländische Konzerne verkaufen, wäre zu einfach. Wir leben in einer globalisierten Welt und sind selbst Kunden dieser Großunternehmen.

Während der langen Fahrtage habe ich Zeit, über alles Mögliche nachzudenken. Die vielen Eindrücke, die ich in den letzten Monaten gesammelt habe, beschäftigen mich. Ich entdecke bei allen Unterschieden zwischen den fünf bereisten Ländern – Peru, Bolivien, Chile, Argentinien und Brasilien – auch einige Gemeinsamkeiten.

Das Essen zum Beispiel: Es spielt überall eine große Rolle. In besiedelten Gebieten gibt es an jeder Ecke Buden, Restaurants, Garküchen und Kioske, wo Speisen und Getränke angeboten werden. Der Verkauf an Touristen ist dabei eher eine willkommene Neben-einnahme. Meist sind die Kunden Menschen aus der Umgebung. Für uns ist es immer spannend, auf die Teller der Einheimischen zu schauen und dann zu versuchen, etwas Ähnliches oder doch lieber etwas ganz andres zu bestellen. Problem: Für Vegetarier ist die Auswahl sehr beschränkt. Überall. Dafür serviert man in allen fünf bereisten Ländern reichlich mehr oder weniger genau definierbare Fleischbrocken und -lappen. Selbst im Steakland Argentinien muss man genau hinschauen, was letztlich auf dem Teller landet. Das beste Fleisch geht in den Export.

Vom Input zum Output: Toiletten: Kein einziges südamerikanisches Klo – und wir kennen inzwischen ziemlich viele – ist in der Lage, Klopapier zu verkraften. Das wird überall in Südamerika anstatt in die Schüssel in den daneben stehenden Papierkorb entsorgt. Lieber nicht so genau hinschauen. Erstaunlicher Weise stinkt das Ganze kaum oder auf jeden Fall viel weniger, als man annehmen möchte.

Und Zwischenmenschliches? Die Anmache zum Beispiel: Nirgends war sie auch nur annähernd so übel, wie von vielen zuhause vorhergesagt. Im Gegenteil. Nur ein einziges Mal musste ich mir bisher wirklich widerliche Sprüche anhören. Und das, obwohl wir oft an Stellen anhalten, die auf den ersten Blick wenig einladend oder Vertrauen erweckend wirken.

Einmal lande ich zum Beispiel etwas außerplanmäßig mit sechs abenteuerlich ausseh-enden, unrasierten und ölverschmierten Fernfahrern in der Kaffeebude eines Truckstops, während meine Mitreisenden noch einkaufen. Man macht mir höflich Platz am Tresen, stellt mir den Kaffee hin und gut. Keine abschätzigen Blicke, keine Bemerkungen, die ich nicht verstehe, kein anzügliches Gelächter.

Natürlich falle ich als Blondschopf überall auf und errege manchmal Neugier. Aber meist ergeben sich daraus nette Unterhaltungen oder sogar freundliche Einladungen. Jeder will mir etwas zeigen, erklären oder sogar schenken.

Eine weitere Gemeinsamkeit in allen Reiseländern: Die Geschwindigkeit. Das einzige, was überall immer zu schnell scheint, ist der motorisierte Straßenverkehr. Rasante Fahrweise kennt keine Landesgrenzen. Verkehrsregeln? Gibt es wohl auch. Nur mit der Einhaltung ist das so eine Sache.

Hier in diesem Teil Brasiliens, wo die Straßen besonders schlecht sind, können wir oft ein Elefantenballett beobachten. Das Tempo wird zwangsweise etwas gedrosselt. Langsamer als sonst üblich schieben sich ganze Lastwagenkolonnen kreuz und quer im Slalom über die Fahrbahn und durch das angrenzende Buschland, um den schlimmsten Kratern im Straßenbelag auszuweichen. Dabei überholen die Brummis sich gegenseitig, sie umkurven einander nach einer stets wechselnden Choreographie.

Mir kommen diese Betrachtungen mal sehr tiefsinnig, mal eher banal vor. Manchmal habe ich den Eindruck, dass meine Denkfähigkeit unterwegs gelitten hat, dass mein Gehirn gemächlicher arbeitet. Vielleicht ist das nur ein Anzeichen dafür, dass endlich alle Stresssymptome verschwunden sind, dass ich mich treiben lassen und meiner Neugier auf alles Unbekannte gelassen hingeben kann. Hoffe ich zumindest.

In Porto Velho gönne ich mir im Hotel ein Einzelzimmer. Allein hustet es sich einfach ungehemmter. Die Klimaanlage schalte ich aus.

In einem kleinen Laden will mir die Verkäuferin das gewünschte Hemd nicht geben. Das sei doch für Männer, beharrt sie. Ich will es aber haben, weil ich für morgens, abends und für unsere geplanten Ausflüge in den Urwald, den wir bald vorzufinden hoffen, ein helles, langärmeliges Kleidungsstück brauche, das vor Moskitos und anderen blutsaugenden Insekten schützt. Wir alle wünschen uns, dass die Spinnen, Ameisen und anderen Plagegeister nicht noch größer werden. Sonst tragen sie irgendwann die Dosen mit dem Insektenspray davon, mit dem wir die Reißverschlüsse der Zelte behandeln.

In Puerto Velho kaufen wir uns auch Hängematten. Als wir an den Marktständen einfallen, verdreifachen die Preise sich kurzfristig und müssen erst mühsam wieder auf den Anfangsstand zurück verhandelt werden.

Die Hängematten brauchen wir auf dem Hausboot, auf dem wir die nächsten fünf Tage und vier Nächte verbringen werden. Auf dem *Rio Madeira*, einem Amazonaszufluss, wollen wir mit dem Hausboot von Porto Velho nach Humanitá fahren, unterwegs kleine Nebenflüsse erkunden und zu Fuß oder mit dem Kanu in abgelegene Gegenden vordringen, wo es noch echten Urwald gibt.

Der Truck wird indessen auf eine Autofähre verladen. Das dauert. Wir sind in Südamerika. Unseren Laster werden wir erst in ein paar Tagen in Manaus wieder sehen. Derryl zieht den Kürzeren. Er muss mit dem Truck reisen, während Dave mit den Passagieren auf Flusstour geht.

Am Rand des Hafengebietes von Porto Velho ist die **Bruno** festgemacht. Hohe schmale Holzschiffe wie diesen Kahn gibt es viele auf dem Rio Madeira. Die meisten sehen besser aus. Fünfzehn Leute hätten an Bord bequem Platz. Aber mit Crew und Führern sind wir über dreißig. Die Vorstellung ist wenig verlockend. Wie werden wir mit der drangvollen Enge zurechtkommen? Wie lange dauert es bis zum ersten großen Streit?

Vorsichtshalber gehen viele noch mal einkaufen und kehren mit reichlich hochprozentigem Alkohol wieder zurück.

Über eine schwankende Planke tragen wir alles an Bord. Unser Gepäck, die Hängematten und den Schnaps. Die Rucksäcke werden im Unterdeck deponiert. Dort stehen auch die Trinkwasserbehälter. Was unter den Planken des Unterdecks alles haust und dass einige von uns im Schiffsbauch notgedrungen die Nacht verbringen werden, wissen wir noch nicht.

Auf dem Hauptdeck finden wir die winzige Schiffsküche, in der die Köchin Flavia bereits am Werkeln ist. Gegenüber liegen zwei Klos – eins für Männer, eins für Frauen. Direkt über den Schüsseln sind Duschköpfe angebracht. Aus Platzgründen. Körperpflege und andere Bedürfnisse lassen sich hier gleichzeitig erledigen.

Ebenfalls auf dem Hauptdeck bedient der Kapitän das Steuer. Dahinter liegt eine enge Kabine, in der er normalerweise mit Frau und Kind wohnt. So lange wir an Bord sind, ist dort Paul, der Profifotograf untergebracht, der uns begleitet. Mit seiner gesamten Ausrüstung.

Und noch etwas sichten wir zu unserer Verwunderung sofort: Einen Fernseher mit DVD-Player – ganz sicher das modernste technische Gerät auf dem ganzen Kutter.

Auf dem Oberdeck wird noch gearbeitet. Eine Konstruktion aus Dachlatten wird mit zusätzlichen Planen überzogen, denn dort oben werden wir essen und uns meist aufhalten. Ein Teil von uns soll auch hier schlafen. Aha.

Schon nach wenigen Minuten an Bord ist allen klar, was wir sowieso schon ahnten: Eine Luxuskreuzfahrt haben wir nicht gebucht.

Dreiundvierzig

Flusstage

Fünf Tage, vier Nächte auf dem **Rio Madeira** und seinen Nebenflüssen, Seitenarmen und Kanälen. Auslaufen ohne Blasmusik. Gleich nach dem Ablegen steuern wir mitten in einen schweren Regensturm. Der Kapitän legt lieber gleich wieder an. Die Decks sind seitlich offen, die Crew rollt in Windeseile blaue Planen herab. So bleiben wir und unser Gepäck halbwegs trocken. Die Spannung steigt: Drangvolle Enge, Regen und Klaustrophobie unter Planen.

Weil es sonst nichts zu tun gibt, befestigen wir die ersten Hängematten auf dem Hauptdeck und dem Oberdeck.

Ein Antrittsbesuch auf dem Damenklo. Erleichterung: Die Spülung funktioniert. Braunes Flusswasser rauscht durch die Schüssel. Braun, denn die Flüsse reißen bei jedem Regenguss viel Erde mit sich. Braun, denn in den Städten und Siedlungen entlang der Wasserstraßen sind Kläranlagen eher selten. Es gibt ein Handwaschbecken. Aus dem Hahn kommt braunes Flusswasser. Aus der Dusche – direkt über der Kloschüssel montiert? Flusswasser. Braun. Wäsche waschen? Genau. Mit braunem Flusswasser. Und das Geschirr?

Ich versuche, nicht an Magenkrämpfe und Durchfall zu denken und hoffe das Beste.

Die Wolken reißen auf, die Sonne scheint. Unser Kapitän bringt das Boot wieder in Fahrt, nur um ein paar Minuten später in einen Seitenarm des **Rio Madeira** abzubiegen und die Bruno noch einmal festzumachen.

Hier bestünde nun die Möglichkeit, heißt es, ein Bad im Fluss zu nehmen. Nur „**women in their time**", wie sich unser ziemlich aufgeblasener örtlicher Führer Carlos ausdrückt, sollten lieber nicht ins Wasser. Um keine Piranhas anzulocken, die auch die kleinste Menge Blut sofort auf den Plan ruft. Ich bin gerade eine „**woman in her time**" und verzichte auf einen Sprung in die braune Brühe. Nicht ungern.

Auch viele andere Mädels bekommen angesichts der besonders schokoladigen Wasserfarbe an der Badestelle flugs ihre Tage und die meisten Jungs erklären sich solidarisch.

So beginnt die seltsamste Fahrt meines Lebens. Es geht nur schleppend voran. Wir halten oft – und oft aus unerfindlichen Gründen. Den Führer Carlos nennen wir bald „San Carlos", weil er gerne und ausführlich von den vielen Wohltaten berichtet, die er den ärmlichen Siedlungen beiderseits der Flussufer angedeihen lässt. Sein Reisebüro, das Touren auf den Amazonasflüssen und im Pantanal organisiert, taufen wir auch ein bisschen um. Aus der spanischen Bezeichnung für Öko-Tours wird **Ego**-Tours.

Die blauen Planen an den Seiten der Bruno kommen häufig zum Einsatz. Routiniert rollt die Crew sie herunter und nach den Regengüssen wieder hinauf. Während den Wolkenbrüchen fühlen wir uns auf den Decks wie in einem Aquarium und sehen alle bläulich aus wie unterseeische Wesen.

Piranhas fürs Abendessen

Flavia vollbringt in ihrer Miniküche bei unsäglichen Temperaturen kleine Wunder. Zusammen mit einem vierzehnjährigen Mädchen bekocht sie die ganze hungrige Meute ganz großartig. Für Vegetarier lässt sie sich extra kleine Überraschungen einfallen. Sie freut sich sehr, dass wir ihr Essen loben.

Das Programm, das Carlos bietet, ist etwas plan- und ziellos. Für zwei interessante Flusstage würde es gut ausreichen. Doch wir sind deutlich länger unterwegs. Trotzdem beeindruckt die meisten von uns das Flussleben im Amazonasgebiet.

Immer wieder fahren wir mit großen Kanus in schmale, vom Wald überwucherte Seitenarme des *Rio Madeira* und werden dabei von den pinkfarbenen, urzeitlich aussehenden Flussdelfinen oder von grauen Delfinen – silbrig und wunderschön – begleitet. Diese eleganten Tiere vermutet man in trüben Flüssen eigentlich nicht. Doch sie sind mit einem besonders leistungsfähigen Echolot ausgestattet, mit dessen Hilfe sie sich auch bei null Sicht gut orientieren können. Dafür sehen sie angeblich ziemlich schlecht. Die Delfine schießen unter den Kanus hindurch und vollführen Sprünge, sind anmutige stumme Fabelwesen in einem finsteren Zauberwald.

In der Dämmerung hören wir Brüllaffen. Schauerlich hallt ihr tiefes Bellen durch den Wald, wird von mehreren Kilometern entfernten Affengruppen beantwortet und an die übernächste Gruppe weiter gegeben. Wüssten wir nicht, dass Affen diese Laute ausstoßen, würden wir im Unterholz große Raubkatzen vermuten. Auch Tukane, Aras, Echsen und Taranteln bekommen wir zu sehen. Angenehm ist, dass selbst gestandene irische Mannsbilder ihre Spinnenphobie eingestehen und niemand genötigt wird, den ziemlich harmlosen aber trotzdem Angst einflößenden Riesenspinnen übermäßig nahe zu kommen. Verirrt sich ein Exemplar auf die Bruno, wird es von der Crew in Sekundenschnelle von Bord komplimentiert. Auch Ameisen aller Art lernen wir eingehend kennen – vor allem die, die zubeißen und nie wieder loslassen. Außerdem gibt es riesige Mistkäfer, die sich vorwiegend im Damenklo einfinden. An einem besonders regnerischen Vormittag beschließen wir, ihnen, wenn wir sie schon nicht loswerden können, wenigstens Namen zu geben. Überhaupt ist die Stimmung auffallend gelöst und entspannt. Angesichts der Enge geben sich fast alle besondere Mühe, einander nicht auf die Nerven zu gehen. Wer eine Auszeit braucht, zieht sich mit einem Buch in eine Hängematte zurück und wird in Ruhe gelassen.

An den Seitenarmen des *Rio Madeira* finden wir tatsächlich noch richtigen Urwald. Auf schmalen Pfaden stapfen wir durch den von Wasserdampf und Regen triefenden Dschungel. Überall wachsen Pflanzen auf anderen Pflanzen, die gerade ihrerseits Pflanzen überwuchern. Einheimische Helfer schlagen für uns mit Macheten alte Trampelpfade frei. Diese werden gelegentlich von Kautschukzapfern oder von Wilderern benutzt. Ein Mann zeigt uns, welche Lianen als Trinkwasserspeicher geschätzt werden. Das etwa ein Meter lange, armdicke Stück, das er für uns abschlägt, enthält über einen halben Liter klares, wohlschmeckendes Wasser.

Wir klettern über umgestürzte Baumstämme und waten durch mehr als nur knietiefes Wasser. Manchmal im strömenden Regen – der Wald heißt nicht umsonst „Regenwald" –, manchmal in dampfender Schwüle.

Bei vielen kleinen Ufersiedlungen legen wir an. Mal um in einer Bar einzukehren – es gibt Bier, Bier oder Bier. Mal um uns die verschiedenen Obstsorten anzuschauen, die auf kleinen Feldern oder im angrenzenden Wald reifen. Die Kinder haben großen Spaß daran, uns Früchte zu bringen, die wir noch nie gesehen haben oder deren Namen wir nicht kennen. Ihre Eltern zeigen uns, was man davon isst und wie, und welche Teile man besser wegwirft. Eine ältere Frau schenkt mir Chilischoten, die ich Flavia übergebe. Eine andere Flusssiedlerin kocht eine Palmfrucht für uns, die sie Luftkartoffel nennt. Der Geschmack erklärt den Namen der Knolle. Fast alle Kinder wollen unbedingt fotografiert werden, führen uns zu besonders hohen Feigenbäumen in der Umgebung oder schlingen für Freundschaftsbilder ihre Arme um unsere Hüften. Einige Frauen schließen extra die Kirche ihrer kleinen Siedlung für uns auf. Der Pfarrer kommt regelmäßig hierher – einmal jährlich, im November.

In einer Siedlung schleppen zwei Kinder einen Miniwelpen an – noch blind und kaum als Hund zu erkennen – den sie kurzerhand unter der Hundemama herausgezogen haben. Natürlich drücke ich das herzige Tierchen zärtlich an meine Brust, bis ich die vielen Krabbeltiere sehe, die auf dem Hundefell herumwuseln.

An einem anderen Ort schauen wir uns an, wie aus Maniok, einer kartoffelartigen Wurzel, unter großem Aufwand *Farina*, eine Art Mehl, gewonnen wird. Und von einer Familie kaufen wir frisch gefangene Piranhas für die Suppe. Wie schon so oft sorgen wir in den abgelegenen Siedlungen nicht nur für Umsatz, sondern auch für Unterhaltung und ich habe den Eindruck, dass die Menschen an den Ufern an unseren Besuchen fast so viel Spaß haben wie wir selbst.

So lange uns die Regenstürme erspart bleiben, vergehen die Tage ganz angenehm mit Landgängen, Kanuausflügen, Wanderungen, Dahindümpeln, Sonnenbaden und dem Verarzten von Stichen und Bissen. Während der oft stundenlangen Regengüsse scheint das Leben hingegen nur noch in Zeitlupe abzulaufen. Gepflegte Langeweile. Allgemeine Klebrigkeit. Zwei Flusswasserduschen pro Tag.

An einem besonders üblen Regentag ist irgendwann der DVD-Player die letzte Rettung. Wir legen in der Nähe einiger Häuser an, ein Mitreisender zieht „Fluch der Karibik" aus seinem Gepäck. Ein Piratenfilm passt eigentlich ganz gut ins Amazonasgebiet, finden wir.

Anfangs tun wir, als würden wir die Kinder nicht bemerken, die aus dem Dorf herangeschlichen kommen. Mucksmäuschenstill ziehen sie ihre Flip-Flops aus, klettern an den Seiten von Bruno empor und spähen unter den Planen hindurch. Sie wollen auch ein bisschen fernsehen. Geduldig schauen sie sich einen Film an, von dem sie kein Wort verstehen. Und natürlich müssen sie bald aus uns völlig unverständlichen Gründen schallend lachen. Damit sind sie entdeckt, und wir winken ihnen zu. Leise und ganz artig quetschen sie sich zu uns auf die Stühle und in die Hängematten. Von nun an lachen sie einfach immer dann, wenn auch wir lachen.

In den Nächten an Bord herrscht Klaustrophobie. Hängematten dicht an dicht, von Moskitonetzen umhüllt. Sieht aus, als wollten wir uns verpuppen und Stunden später als zerknautschte Motten wieder ans Tageslicht kriechen.
Im Unterdeck schläft ein Teil der Crew und eine Handvoll Freiwilliger über den Gepäckstücken und den – wie wir bald feststellen – zahlreich vorhandenen Ratten und anderen tierischen Mitreisenden mit vielen Beinen. Auf dem Hauptdeck schlafen wir zu zwölft neben einander aufgehängt. Auf dem Oberdeck nächtigen neun von uns unter der blauen Plane wie unter einem Betthimmel. Teilweise haben wir uns gegen einander ausgerichtet. Füße gegen Kopf, gegen Füße, gegen Kopf. Berührungspunkte an den Hüften. Mit meinem Husten mache ich mich nicht beliebt. Andere schnarchen.
Erste Lektion: In einer Hängematte kann man nicht auf dem Bauch liegen und nur bedingt auf der Seite. Um nicht gekrümmt wie eine Banane durch den nächsten Tag wanken zu müssen, ist es günstig, sich diagonal auszustrecken. Falls der Platz dafür reicht. Listig spanne ich meine Hängematte ganz am Ende der Reihe auf, weil ich glaube, dann hätte ich nur eine Nachbarin. Denkfehler.
Aber wie hätte ich ahnen sollen, dass zwischen mich und den schmalen Durchgang zur Küche noch jemand passt? Am Ende spannen dort die Küchenhilfe und die Köchin ihre Hängematten auf. Flavias dreijährige Tochter schläft – mehr oder weniger – auf Mamas Bauch. Großartig. Nach etwa drei Stunden Schlaf mit vielen Unterbrechungen bin ich am nächsten Morgen ziemlich ungenießbar. Die folgenden Nächte werden besser. Wir verschaffen uns etwas mehr Platz, indem wir die Hängematten auf unterschiedlichen Höhen befestigen.
Das Moskitoaufkommen hält sich zum Glück in Grenzen. Trotzdem geht nichts ohne Netz. Mein rundum geschlossenes Spezialnetz mit Boden wird normalerweise wie ein Igluzelt auf ein Bett oder auf die Erde gestellt. Diesmal montiere ich es mit vielen Schnüren aber ohne Gestänge unter großer und überaus skeptischer Anteilnahme der gesamten Schiffscrew über meiner Hängematte. Tz, tz. Seltsam, diese Gringos. Doch die Sache

funktioniert. Nur der Ein- und Ausstieg durch den Reißverschluss gestaltet sich ziemlich akrobatisch. Dafür ist mein Nachtlager rundum abgedichtet und ich trage wohl bei weitem die wenigsten Stiche davon.

Trotzdem wache ich oft auf. Morgens gegen Vier sind die Ratten nämlich besonders aktiv und wechseln schon mal vom Unterdeck aufs Hauptdeck. Hin und wieder liefern sie sich direkt unter meiner Hängematte einen lautstarken Kampf. Mit dem nächsten Gang aufs Klo warte ich in diesen Fällen lieber, bis die Wogen sich glätten und die Ratten in eine andere Ecke rennen.

Flussschiff – schwimmende Herberge im Amazonasgebiet

Doch Flussnächte haben auch ihren besonderen Reiz. Sie beginnen mit spektakulären Sonnenuntergängen. Wolkentürme verfärben sich in allen Rot-, Orange-, Lila- und Pinktönen. Das Licht verändert sich ständig, bis schließlich unvermittelt die tintenschwarze Nacht hereinbricht. Die Nähe zum Äquator ist fühlbar. Tage und Nächte sind fast gleich lang.

Kaum ist es dunkel, kommen die Stimmen. Grillen zirpen, Insekten summen und brummen. Frösche quaken in allen Tonlagen. Hin und wieder schreit im Dschungel ein Vogel. Geheimnisvolles Platschen im Wasser, Rufe und Laute, die wir nicht deuten können. Die Lichter löschen wir meist schnell, sonst findet sich bald alles, was fliegen kann und viele Beine hat, bei uns ein. Im Dunkeln sitzen wir zusammen, betrachten den Sternenhimmel, reden oder schweigen. Rickie ist von einem ehrgeizigen Plan beseelt: Er will auf seiner Brasilienreise den perfekten Caipirinha kreieren. Zutaten hat er reichlich eingekauft. Eis findet er in den Kühlboxen des Schiffs. Mühelos findet er Probanden, die seine schmackhaften aber hochprozentigen Mischungen verkosten.

Einmal rudern wir nachts mit dem Kanu in einen schmalen Kanal. Wir lassen uns vom Dschungel umfangen und verzaubern. Fast lautlos tauchen die Paddel ein. Im Unterholz herrscht reges Leben, doch die Scheinwerfer unserer Führer dringen nicht tief genug ein. Gigantische Fledermäuse huschen übers Wasser, stumm streicht ein großer Vogel über uns hinweg. Wir halten Ausschau nach Sternschnuppen und werden andächtig still.

Vierundvierzig

Unter Geiern: Humanitá

Wir verlassen die Bruno in Humanitá, der Stadt der Geier. Die hocken hier auf jedem Dach wie zuhause Elstern oder Amseln. Ob das etwas zu bedeuten hat? Als wir ankommen, halten sie gerade ihre Schwingen ausgebreitet in die sanfte Brise, denn der letzte Regenguss hat sie durchnässt.

Wir verabschieden uns herzlich von der Schiffscrew und Flavia. San Carlos werden wir nicht vermissen.

In Humanitá bleiben wir nur ein paar Stunden. Theoretisch gibt es von hier aus eine Straßenverbindung ins nicht ganz tausend Kilometer entfernte Manaus. Die Straße ist zwar in den Karten eingezeichnet, jedoch nur stückweise befahrbar. Jetzt in der Regenzeit gibt es überhaupt kein Durchkommen. Bleiben die Fährschiffe. Mit denen sind Menschen und Fracht heute noch genauso wie vor zweihundert Jahren auf den breiten Zuflüssen des Amazonas unterwegs. Unsere Fähre soll nachts um zwei Uhr hier im Hafen ankommen. Wir haben Freizeit und Landgang.

Ich kaufe mir neue Unterwäsche. Meine ist schmutzig und nichts trocknet mehr. Also Kaufen statt Waschen. Nach den Erfahrungen mit südamerikanischen Wäschereien letztendlich vielleicht sogar neben Handwäsche die billigere Alternative.

Zusammen mit ein paar anderen Frauen gönne ich mir den Luxus, den Nachmittag und einen Teil der Nacht in einem Hotel zu verbringen. Vielleicht wird meine Erkältung besser, wenn ich mich ein bisschen ausruhe. Außerdem freue mich darauf, mal wieder mit klarem Wasser zu duschen. Auf der öffentlichen Fähre werden später wieder die Hängematten aufgespannt, Hüfte an Hüfte …

Nur etwa 48 Stunden soll die Flussfahrt bis Manaus, der Metropole am Amazonas, dauern. Die genaue Fahrtzeit hängt von der Strömungsgeschwindigkeit und von der Schwere der Schiffsladung ab. Manaus ist meine letzte Reisestation. Trotz Heimweh zieht es mich nicht nach Hause. Ein Widerspruch, aber Reisen wird schnell zum Lebensstil, zum Lebensinhalt, vielleicht sogar zu einer Art Sucht. Auf jeder Etappe kommen neue Reiseideen hinzu, werden neue Reiseträume geweckt. Man lauscht Erzählungen von anderen Weltenbummlern, hört von Orten, die neugierig machen.

Die Bewohner von Humanitá sind hilfsbereit und geduldig, weisen den Weg und lachen über meine Mischung aus Englisch, Spanisch und Portugiesisch. Aber sie verstehen, was ich sagen möchte.

Es ist Freitagabend, und in einigen Versammlungsräumen treffen sich die Anhänger der Erweckungskirchen, die in ganz Südamerika, vor allem aber in Brasilien, großen Zulauf haben. Die Türen der Säle stehen weit offen, vielleicht weil es so schwül ist, vielleicht aber auch, damit jeder sich eingeladen fühlt, gemeinsam mit der Gemeinde zu klatschen, zu singen und den offenbar ziemlich ergreifenden Worten des Predigers zu lauschen.

Die katholische Kirche beruft sich noch immer gern auf die große Zahl von katholischen Christen in Südamerika. Doch was bleibt übrig, wenn man diejenigen abzieht, die zwar die Gotteshäuser besuchen, dort aber anstatt zur Heiligen Jungfrau im Grunde zu Pachamama beten? Wie sehen die Zahlen in ein paar Jahren aus, wenn die Leute sich auf der Suche nach Trost, Hoffnung und geistiger Führung weiterhin scharenweise den Erweckungskirchen anschließen? Für die großen Kirchen wird die Luft auch auf diesem Kontinent langsam ziemlich dünn.

Die „*Happy Clappers*", wie meine amerikanischen Freunde die emotionalisierten Gläubigen in den schmucklosen aber gut gefüllten Versammlungsräumen der Erweckungsgemeinden spöttisch nennen, stimmen ein Loblied an und heben die Hände zum Wolken verhangenen Himmel über Humanitá.

Mit frischem Obst und neuer Unterwäsche bepackt, wandere ich zurück ins Hotel in ein rattenfreies Zimmer, in dem auch noch richtige Betten stehen. Saubere! Luxus pur.

Fünfundvierzig

Flussfahrt zum Amazonas

Zwei Uhr morgens: Wir sitzen an der Anlegestelle von Humanitá und starren auf den nächtlichen Fluss. Der Wind treibt Regenschauer übers Wasser und türmt Wellen auf. Das weit entfernte andere Ufer liegt unsichtbar hinter einem feuchten Schleier.

Mit uns warten zwanzig oder dreißig andere Leute, manche fast ohne Gepäck. Andere haben zahlreiche Koffer und Bündel, vielleicht ihren ganzen Hausstand, um sich gestapelt. Zwei der Wartenden stehen unter Bewachung und sind mit Handschellen gefesselt.

Ich huste und habe Fieber. Aus der Erkältung ist eine Grippe geworden.

Mit zwei Stunden Verspätung taucht die Fähre schließlich aus dem Dunst auf. Die starke Strömung droht, das Schiff an Humanitá vorbeizutreiben. Mühsam nimmt es Kurs auf den Anlegesteg. Es kommt näher. Was für ein Bild! Der Kahn erinnert an ein historisches Mississippi-Flussschiff, nur das Schaufelrad fehlt. Eigentlich ist dieses Schiff kaum mehr als eine größere Version unseres Hausbootes, bloß liegen diesmal zwei an den Seiten offene Hauptdecks über dem geschlossenen Unterdeck. An den Seiten sind die obligatorischen blauen Planen aufgerollt, die bei Regen heruntergelassen werden. Über den Hauptdecks befindet sich eine Art Sonnendeck ohne Überdachung.

Dass der hölzerne Kahn wirkt, als pflüge er sich aus einem anderen Jahrhundert durch die braunen Fluten, beunruhigt uns kaum. Uns stört etwas anderes: Die Fähre ist völlig überladen. Das untere Hauptdeck liegt nur knapp über der Wasserlinie und ist komplett mit Holzkisten voll gestellt. Auf dem mittleren Deck drängen sich die Menschen, schaukeln überall Hängematten. „Mikado" ist das Wort, das mir spontan dazu einfällt, denn die Hängematten sind kreuz und quer, unter und über einander aufgehängt. Die Passagiere liegen mit minimalem Abstand auf drei bis vier Höhenabstufungen in den Kokons aus Baumwollstoff. Schlagartig erscheint uns der Platzmangel, der auf dem Hausboot herrschte, wie ein harmloses Vorgeplänkel.

Die Wartenden geraten in Bewegung. Wie sollen wir alle Platz auf dieser vollgestopften Fähre finden? Der gesunde Menschenverstand sagt uns, dass wir eigentlich nicht einsteigen dürften, dass eine solche Fahrt nur mit grässlichen Zeitungsschlagzeilen enden kann. Doch wer weiß, ob die nächsten Schiffe nicht ebenso überladen sind?

Die Gangway besteht wieder nur aus einem schwankenden Brett. Wir schultern die Rucksäcke. Schon an Land ist absehbar, dass wir damit in den engen Gassen zwischen den Kistenstapeln stecken bleiben werden.

Wir wanken über die Holzplanke, Hände strecken sich nach uns aus und ziehen uns aufs Schiff. Dort weiß niemand etwas von den beiden Kabinen, die eigentlich für uns reserviert sein müssten – eine für den Fotografen Paul und dessen teure Ausrüstung, eine für unser Gepäck.

Auch unser Reiseleiter Dave kommt mit seinem Portugiesisch nicht weiter. Unfreiwillig verstopfen wir mit den Rucksäcken auch die letzten schmalen Durchgänge, die es bisher noch gab. Stoisch warten wir im Stehen, bis es irgendwie weiter geht. Und plötzlich drückt ein Crewmitglied Dave zwei Kabinenschlüssel in die Hand. Die beiden engen, fensterlosen Holzverschläge sind im Nu mit unserem Gepäck und Pauls Ausrüstung vollgestopft. Jetzt können wir uns Plätze für unsere Hängematten suchen. Theoretisch. Eigentlich ist gar kein Platz mehr da.

Zu mir dringt kaum noch eine Information durch. Ich höre nur noch Becky sagen: „*Usch is so hot, you could fry things on her.*"

Dave legt die Hand auf meine Stirn und räumt kurzerhand ein Kabinenbett für mich frei. Mit Schüttelfrost liege ich gleich darauf dankbar auf einer Matratze, die sicher so alt ist wie der Kahn selbst. Ein echtes Biotop für allerhand Krabbelgetier. Aber unter gewissen Umständen ist man nicht so wählerisch. Im Augenblick bin ich einfach nur froh, dass ich das Fieber nicht in einer Hängematte unter zwei ahnungslosen Brasilianern und über und zwischen drei bis fünf Mitreisenden ertragen muss. Vor dem Einschlafen nehme ich die Antibiotika ein, die ich von zuhause mitgebracht habe. So beginnt die letzte Etappe der viermonatigen Reise.

Kaum habe ich mich auf dem schmalen Bett ausgestreckt, schon peitscht draußen der Wind infernalischen Regen gegen die eilends herabgelassenen blauen Planen. Auch die Kabinenwände sind feucht. Trotzdem habe ich ein schlechtes Gewissen, dass ich geschützt in dem Holzkabuff liegen kann, während meine tapferen Mitreisenden die Bekanntschaft der Unhängenden machen. Später erzählen sie, sie seien vor Müdigkeit trotz der Enge gleich eingeschlafen.

Doch die Ruhe währt nur kurz: Um sechs Uhr ist Wecken. Und zwar kompromisslos. Die Crew pfeift mit Trillerpfeifen, denn es gibt Frühstück. Das geht so: 16 der etwa 250 Passagiere werden in einen Raum geholt, dieser wird abgeschlossen, jetzt wird gegessen. Tischgespräche sind verpönt. Hier geht es nur darum, sich schnellstmöglich satt zu essen. Draußen warten noch zwei Hundertschaften.

Wenn die ersten 16 Leute abgefüttert sind, werden sie entlassen und die nächsten 16 in den Raum gewinkt.

Mittag- und Abendspeisung erfolgen nach demselben System, und es gibt auch immer das-selbe: Reis, Nudeln, Bohnen, Hühnchen. Angeblich alles sehr schmackhaft. Leider habe ich gerade gar keinen Appetit. Erst bei der dritten Schiffsmahlzeit kann ich mich schwankend in die Warteschlange einreihen und später etwas trockenen Reis hinunterwürgen.

Trotz Übelkeit, trotz Dauerhusten, Fieber und Kopfschmerzen fasziniert mich das Bord-leben bald. 250 einander weitgehend fremde Menschen, eingezwängt auf engstem Raum. Fünf überraschend saubere Toiletten, in denen auch die üblichen Flusswasserduschen installiert sind. Kleine Kinder, alte Leute, überall Gepäckstücke aber keinerlei Aggressi-onen. Große Gelassenheit, alles ganz entspannt. Man grinst und zuckt die Achseln, wenn man einander gegenseitig anstößt. Im Lauf der Zeit hat man Körperkontakt mit allen und jedem, es geht gar nicht anders. Die Kinder spielen leise oder schlafen. Das ganze Leben ist öffentlich.

Auf dem offenen Oberdeck steht die kleine Bar. Hier gibt es Bier und *Guarana*, die beliebte brasilianische Limo mit dem Geschmack einer Urwaldfrucht. Scharfer Alkohol wird an Bord nicht verkauft. Den haben die Leute sich selbst mitgebracht. In diskreten Plastiktüten. Auf dem Oberdeck sitzt man, solange das Wetter es erlaubt. Man spielt Karten, unterhält sich, man liest, träumt vor sich hin, spielt Domino, wagt vielleicht sogar ein Tänzchen zur gruselig kitschigen Musik, die die Szene lautstark beschallt. Und man wird angeschaut. Hier sitzen die allein reisenden jungen Männer entlang der Reling und inspizieren das Angebot. Schmachtende oder herausfordernde Blicke, aber nicht mehr. Am späten Vormittag wird der Grill angeworfen. Einfach so. Fleischstücke bruzzeln auf dem riesigen Rost. Hin und wieder werden bei kurzen Stopps an irgendwelchen Anlege-stellen Fische herauf gereicht. Die werden ebenfalls gebraten und anschließend auf eine große Pfanne gelegt. Wer Hunger hat, nimmt sich einfach ein Stück.

An den weit entfernten Ufern zieht derweil der Dschungel vorbei. Ganz philosophisch wird einem zumute. Ist das Leben ein langer, schnell strömender Fluss? Woher kommen wir? Wohin treiben wir? Und was erwartet uns hinter der nächsten Biegung? Eigent-lich nichts Neues. Mehr Fluss, kilometerbreit, mehr Dschungel. Hin und wieder eine kleine Siedlung. Wolken, Regen, Wolken, Sonne. Entwurzelte Bäume in den braunen Fluten.

Tagsüber muss ich die Kabine räumen und mich in eine Hängematte legen. Das Bett wird dann zum Aufenthaltsbereich für die ganze Gruppe, zum Arbeitszimmer des Fotografen und zum Rückzugsort für Leute, die das Hängemattenleben grade mal satt haben.

Unglaublich, wie gut man in einer Hängematte schlafen kann. Inzwischen habe ich es gelernt. Zwar tun mir anschließend meist diverse Gelenke weh, aber ich fühle mich wie in einem Kokon. Das letzte bisschen Privatsphäre. Bildet man sich zumindest ein.

Hatte man im Zelt wenigstens noch ein paar uneinsehbare Quadratmeter – auf den Schiffen ist das vorbei. Über meine Mitreisenden, die anderen Touristen, die sich an Bord verirrt haben und über die Brasilianer kann ich nur staunen. So viel friedliches Miteinander. So viel Toleranz. Und das bei feuchter Hitze und auf engstem Raum.

Auch bei Dunkelheit geht die Fahrt unaufhaltsam weiter. Durch die starke Strömung kommen wir schnell voran. Der Fluss reißt gigantische Urwaldbäume mit, von denen aber oft nur die Wurzeln oder Kronen sichtbar aus dem Wasser ragen. Um Kollisionen zu vermeiden, muss ein Crewmitglied die ganze Nacht über mit starken Scheinwerfern das Wasser ableuchten.

Viel schneller als gedacht ruft am zweiten Reisetag jemand „Amazonas! Amazonas!" Wir haben den legendären großen Fluss erreicht und uns ist regelrecht feierlich zumute. Fast alle Passagiere stehen an der Reling und schauen ins braune Wasser des Stroms, der noch viel breiter scheint als der **Rio Madeira**. Ein paar Kilometer östlich von Manaus vereinigen sich der **Rio Negro** und der Amazonas, der an dieser Stelle auch den Namen **Rio Solimoes** trägt. Erst 1500 Kilometer weiter mündet der gewaltige Fluss in den Atlantik.

Die Schiffsmotoren heulen auf, die Fähre erzittert. Von nun an geht es gegen die Fließrichtung, bis wir Manaus erreichen.

Nach 48 Stunden legt die Fähre gegen drei Uhr nachts im Hafen von Manaus an. Gerade als alle halbwegs fest schlafen.

Jemand wummert an die Kabinentür. Panikartiges Zusammenpacken. Alle wollen gleichzeitig ihren Rucksack aus den Kabinen holen. Vor lauter hektischer Betriebsamkeit merken wir erst nach einer Weile, dass sich außer uns niemand rührt. Klar – außer uns hat kein Mensch eine Unterkunft für den Rest der Nacht, und eine Hängematte auf dem Schiff ist immer noch besser als ein zugiger Hauseingang in der verregneten Stadt.

Da auch die Crew sich irgendwohin verzogen hat, haben wir nun ein Problem: Wir wollen runter von dem Kahn, denn auf uns warten Hotelbetten. Aber wie sollen wir den Abstand zwischen Dock und Fähre überwinden? Nach einer Gangway suchen wir schon gar nicht mehr. Wir brauchen nur ein Brett, können aber keines finden.

Am Ende klettern einige von uns über die Seite der Fähre, springen von dort auf den Anleger. Die anderen reichen oder werfen die Gepäckstücke nach unten und klettern hinterher. So einfach. Nachdem in den letzten Tagen Improvisation zum Normalzustand geworden ist, hätten wir uns über ein ganz normales Ende der Fahrt auch sehr gewundert. Dass wir mitten in der Nacht wie Diebe von Bord klettern müssen, erscheint uns nur logisch.

Auch das abgeriegelte Hafengelände können wir erst nach einer weiteren Kletterpartie verlassen. Zum Glück gibt es weder scharfe Hunde noch bewaffnete Wachleute.

Wir machen uns auf den knapp zwei Kilometer langen Fußmarsch ins Stadtzentrum zu unserem Hotel. Manaus bei Nacht. Die Kakerlaken, die über die Straße wuseln, halten wir wegen ihrer Größe anfangs für Mäuse. Ganz oben auf dem Hügel steht das prächtige Opernhaus der Stadt. Bis zum Hotel sind es nur noch ein paar Schritte. Direkt davor steht unser Truck. Derryl ist schon vor zwei Tagen mit der Lastwagenfähre hier angekommen und empfängt uns entsprechend ausgeruht.

Sechsundvierzig

Dekompression in Manaus

Nach ein paar Stunden Schlaf erfahren wir beim Frühstück, dass der Truck über Nacht aufgebrochen worden ist. Willkommen in Manaus. Die meisten Wertgegenstände waren so gut versteckt, dass die Diebe sie nicht fanden. Auch mein Handtuch ist noch da. Dabei wurden wahllos die verschiedensten Dinge mitgenommen. Hüte zum Beispiel. Einige Mitreisende trifft es besonders hart. Ihnen kamen wertvolle Gegenstände abhanden oder unersetzliche Erinnerungsstücke. Zwei der Beklauten sind mehr als genervt, denn sie wurden bereits in Rio bestohlen. Auch auf der Fähre ging offenbar eine Tasche ungeplant von Bord.

Trotzdem – uns Overlandern wurde mindestens so viel nachgetragen wie geklaut. Immer wieder rannten uns Leute hinterher und überreichten vergessene Sonnenbrillen, Daypacks oder liegen gebliebenes Wechselgeld.

Manaus, das klingt nach Exotik, Dschungel, Hitze, buntem Straßenleben. Die brasilianische Großstadt, deren einzige durchgängig befahrbare Straßenverbindung nach Norden, nach Venezuela führt, hat trotz ihrer isolierten Lage 1,6 Millionen Einwohner. Zu Zeiten des Kautschukbooms war sie reich und wichtig. Heute ist sie ein großer Handelsplatz, ein Freihafen mit unbestimmter Zukunft.

Allzu viel Spektakuläres hat Manaus auch bei Tageslicht nicht zu bieten – die Realität ist eher ernüchternd. Zerfallende koloniale Pracht gepaart mit unsäglich scheußlichen und ebenfalls bereits ziemlich heruntergekommenen Bauwerken aus den 1960er Jahren. Die Gegend um unser Hotel gehört noch zu den schönsten. Das berühmte Opernhaus, das *Teatro Amazonas*, liegt direkt um die Ecke. Leider ist gerade Spielpause. Besichtigen können wir es trotzdem. Das Opernhaus wurde gegen Ende des 19. Jahrhunderts erbaut, in der Blütezeit der Stadt. Die Kautschukbarone schwelgten in Luxus, man nannte Manaus das Paris der Tropen. Fast das gesamte Baumaterial für das *Teatro Amazonas* und sein Inventar stammt aus Europa. Im Inneren trifft Tropenholz auf Gusseisen aus Glasgow, werden in Öl gemalte Dschungelszenen von italienischem Marmor umrahmt. Faszinierend.

Schöne Sandstrände am Flussufer soll Manaus haben. Nur leider nicht jetzt in der Regenzeit. Tagsüber sei Schwimmen trotz der Piranhas und Kaimane eine ziemlich sichere Angelegenheit, hören wir. Ausprobieren können wir es nicht. Der von den Niederschlägen angeschwollene Strom würde uns sofort davon reißen.

In einer Regenpause spaziere ich hinunter zum Hafen und in die einst prachtvollen Markthallen. Die Händler langweilen sich.

„Oi, linda! Todo bem?!" – Hallo Schöne, alles klar?, tönt es aus allen Ecken.

Männer wie Frauen winken und posieren geduldig mit Fischen, Fleisch oder Obst für meine Bilder. Märkte besuchen, macht Spaß: Einfach loslaufen, so tun, als wüsste man genau, wohin man will. Lächeln, eine Tüte Obst kaufen, freundlich antworten, wenn man angesprochen wird und die Farben, Geräusche und Gerüche in sich aufsaugen. Selbst das ziemlich abgehalfterte Manaus hat verborgene Reize. Und die Leute hier sind wirklich unglaublich freundlich und gut gelaunt.

Im Hafen bietet man mir Bootsfahrten zum Zusammenfluss des **Rio Negro** mit dem **Rio Solimoes** an und nennt diverse Preise. Mit letzter Sicherheit könnte ich das allerdings nicht sagen, denn die Verhandlungen werden auf Portugiesisch geführt. Bald bin ich von abenteuerlich aussehenden, lachenden Kerlen umringt, die alle auf ihre Boote zeigen. Zeit zum Rückzug.

Abends ein Abschlussessen im besten Grillrestaurant der Stadt. Umwerfender Service und so wunderbare Beilagen, dass auch Vegetarier vor Wonne stöhnen. Meine Reisefreunde singen mir ein Geburtstagsständchen, das Restaurant steuert den Geburtstagskuchen bei. Nur anschneiden darf ich ihn nicht. Als ich das Messer ergreife, reißt ein Ober den Kuchen hektisch weg. Er ist künstlich und muss wohl noch für einige andere Feste herhalten.

In der **Bar do Armando**, in Manaus eine echte Institution, klingt der Abend aus. Wir sitzen draußen auf dem Gehsteig – zur Abwechslung regnet es grade mal nicht – einige Stammgäste gesellen sich zu uns, suchen Gespräche über Gott, die Welt und das Wetter. Der Chef hat schlechte Laune. Zu viel Kundschaft. Zu viel Stress.

Bis zu meinem Heimflug habe ich noch etwas Zeit. Doch viel unternehmen kann man nicht in Manaus. Zumindest nicht in der Regenzeit. Hat man die Oper, den Hafen und den Markt besichtigt, bleibt nur noch die Fahrt hinaus zu der Stelle, wo die Flüsse sich treffen. Gemeinsam mit dem Reise-Fotografen, besteige ich ein Wassertaxi. Wir fahren am Hochseehafen von Manaus vorbei, in dem beeindruckende Containerschiffe vor Anker liegen – 1500 Kilometer vom offenen Meer entfernt. Außerdem sehen wir eine Favela, die am Flussufer auf Stelzen gebaut ist. Bis zu 15 Meter schwankt angeblich der Pegel des **Rio Negro** im Jahresverlauf. Die Stelzen sind nicht ohne Grund so hoch. Uns erscheint die Siedlung malerisch. Ihre Bewohner sehen das wahrscheinlich anders. Von Stegen und Booten aus werfen Fischer ihre Netze in die Bucht. Vom Wasser her gesehen, zeigt Manaus sich von seiner schönsten Seite.

Bald erreichen wir die Stelle, wo der **Rio Negro** und der **Rio Solimoes** – eben nicht zusammenfließen. Über mehrere Kilometer bewegen sich die schwarzen Wasser des einen und die rotbraunen Wasser des anderen Flusses neben einander her. Die Fließgeschwindigkeiten und die Temperaturen der beiden Flüsse seien sehr unterschiedlich, erklärt unser Kapitän so langsam und gestenreich auf Portugiesisch, dass wir ihn tatsächlich verstehen. Es macht ihm Spaß, sein Boot so zu drehen, dass wir tolle Bilder von der zweifarbigen Nahtstelle der Flüsse fotografieren können. Dann entdeckt der ergraute Bootsführer einen Fischer, der grade einen dicken Wels aus dem Wasser zieht. Das sollen wir auch fotografieren. Festhalten!

Wir schießen über die rötlichen Wolken hinweg, die der **Rio Solimoes** in den **Rio Negro** malt, unser Kapitän kauft den Fisch, wir fotografieren artig und auf dem Rückweg nach Manaus gibt es ein Rennen mit einem anderen Wassertaxi.

Festhalten.

Dabei hatte der alte Mann, der uns auf seinen Kahn winkte, so harmlos ausgesehen.

Stelzenhäuser in Manaus

Fast wie in einer ergreifenden Abschiedsszene in einem Kinofilm verlässt der Truck bei strömendem Regen mit einem Teil der Gruppe und ein paar neu Zugestiegenen am nächsten Morgen Manaus. Küsse, Umarmungen, Austausch von E-Mail-Adressen. Selbst einige Jungs verdrücken eine Träne. Eine Handvoll Ex-Passagiere bleibt zurück und winkt.

Das Gruppenleben hat mich oft genervt, war mir oft zu einengend und zu laut. Aber jetzt bin ich fast entrüstet, dass ich nicht mehr dazugehöre. Ich komme mir vor wie einer der vielen herrenlosen Köter, die uns an vielen Orten begleiteten, dann aber doch nie mitfahren durften.

Zum Packen bleibt mir noch mehr als genügend Zeit. Ich drifte durch den Tag und fühle mich wie ein Taucher, der zu lange unter Wasser war. Die Tage in Manaus betrachte ich als eine Art Dekompression. Die ist nötig nach einer langen Reise, nach dem totalen Abtauchen in eine fremde Welt. Zu schnelles Auftauchen könnte fatale Folgen haben. Fast ungläubig blicke ich auf die Reisewochen zurück. So viele Eindrücke, so viele Erlebnisse. Die Zeit einfach so verflogen.

Nach und nach zerstreuen sich die letzten Reisefreunde in alle Winde. Am Ende ist nur noch Becky da. Sie schenkt mir zum Abschied brasilianische Flip-Flops. Ein passenderes Geschenk könnte es gar nicht geben.

Noch ein Nachmittag und eine Nacht allein im Hotel. Noch ein Stromausfall, der diesmal länger dauert als sonst. Irgendwann sitzen alle Hotelgäste und ein Teil der Angestellten draußen auf dem Bürgersteig. Wir plaudern, warten, dass die Lichter wieder angehen und fühlen uns so verbunden, wie man sich sonst nur in liegengebliebenen S-Bahnen oder eingeschneiten Berghütten fühlt.

Siebenundvierzig

Willkommen in Frankfurt

Mit dem Taxi zum Flughafen von Manaus. Die Sicherheitskontrolle ist mehr als lax. Pünktlich besteigen wir den Flieger, der dann prompt über eine Stunde lang keine Starterlaubnis bekommt. Die Route führt erst mal zurück nach Sao Paulo, und über dem Amazonas ist Sturm. Bei solchen Wetterbedingungen – in dieser Jahreszeit also eigentlich immer – dürfen die Flugzeuge in Manaus nur im Halbstundentakt starten, damit sie genügend Zeit und Platz haben, die Gewitter zu umfliegen. Durch das Flugzeugfenster kann ich, als wir schließlich doch in der Luft sind, die heftigen Regenstürme im Westen beobachten. Die tief stehende Sonne lässt die Wolkenberge in allen Farben aufleuchten. Gleichzeitig zucken zahllose Blitze zur Erde.

Sao Paulo erreichen wir erst nach Einbruch der Dunkelheit. Das Lichtermeer der Megalopolis reicht bis zum Horizont, der Anblick von oben ist atemberaubend.
Bei der Zwischenlandung muss ich rennen, um den Anschluss nach Atlanta/Georgia noch zu kriegen. Dort zwölf Stunden Aufenthalt und dann weiter nach Frankfurt.
Fest entschlossen, positiv zu denken und nicht allzu wehmütig zu werden, erstelle ich eine mentale Liste.
Eine Liste all der Dinge, die ich nach der Reise mit Sicherheit nicht vermissen werde:

Wäschereiabenteuer der Sorte: „Ich gebe dir Geld und du schrumpfst/verdreckst/durchlöcherst/vertauschst meine Kleider."
Buschcamps hinter Tankstellen.
Buschcamps vor Tankstellen.
Drei 12-Stunden-Fahrtage hintereinander.
Pinkeln am Straßenrand. (Zehn blasse Frauenhintern ohne ausreichende Deckung in einer Reihe – fröhlich hupende Lastwagenfahrer.)
Mysteriöse Fleischstücke im angeblich vegetarischen Essen.
Am Tresen Milchkaffee erklären und nach kaum einer halben Stunde drei Tassen bekommen. Eine mit Kaffee, eine mit Milch und eine leere, die ich noch dazu bestelle, als die beiden anderen endlich da sind.
Kalte Duschen mit braunem Wasser und Krabbeltieren drin.
Kalte Duschen an sich.

Fast sauberes Geschirr so lange hin und her schwenken, bis es fast trocken ist. (Auf Overland Trucks gibt es keine Geschirrhandtücher. Aus Hygienegründen.)
Blutegel an unsäglichen Stellen.
Mich fragen, warum man sich in Südamerika mancherorts die Mühe macht, zwei durchgezogene Linien auf eine Fahrbahn zu pinseln.
Dass jemand beim Frühstück meinen Toast aufisst, sobald ich das Brot eine Sekunde aus den Augen lasse.
...

Die Liste all dessen, was ich vermissen werde, wäre weitaus länger.

Ankunft in Frankfurt.
Wahnsinnskörper, denke ich, als ich ihn am Ausgang stehen sehe. Das Gesicht ist auch nicht übel. Aber diese Figur. Wow. Und wer den eng anliegenden Uniformpullover entworfen hat, hat der Frauenwelt einen Gefallen getan. Definitiv.
„Guten Morgen", sagt er. „Zollkontrolle. Wo kommen Sie gerade her?"
„Ich? Von Atlanta."
„Und wo waren Sie vorher?"
„In Sao Paulo."
„Und davor?"
„In Manaus."
„Manaus." Pause. „Würden Sie bitte Ihre Tasche für mich öffnen?"
Oh nein!, denke ich. Und: Okay. Selbst schuld.
Die Unterwäsche, die nicht mehr trocknen wollte, habe ich doch nicht weggeworfen.
Ich öffne den Reißverschluss meines Rucksacks.
Mr. Universum streift Handschuhe über.
Willkommen in Frankfurt.